C.H.BECK WISSEN
in der Beck'schen Reihe

Erst jüngst hat der Streit darüber, ob das neue Jahrtausend bereits im Jahr 2000 oder erst 2001 anbricht, gezeigt, daß es doch nicht so einfach ist mit der scheinbar unproblematischen Zeitrechnung. Ganz zu schweigen davon, daß wir nach mohammedanischer oder jüdischer Zeitrechnung gar kein Millennium zu feiern hätten. Thomas Vogtherr zeigt in seinem historischen Überblick, welche Formen der Zeitrechnung im Lauf der Geschichte prägend waren, welche Bedeutung den großen Kalenderreformen zukam und warum vor allem Revolutionen dazu neigten, mit den Machthabern auch gleich die herrschende Zeitrechnung vom Thron zu stoßen. Der Bogen spannt sich dabei von den frühen Hochkulturen an Euphrat und Tigris bis zu den jüngsten, nicht ganz ernst gemeinten Versuchen, mit der „Swatch-Time" eine neue Zeitrechnung zu etablieren. Dabei wird immer wieder deutlich, daß der Kalender niemals nur ein Instrument zur Einteilung des Jahres, sondern stets auch ein Spiegel menschlicher Kultur und Machtausübung war und ist.

Thomas Vogtherr ist Professor für Historische Hilfswissenschaften/Archivwissenschaft an der Universität Leipzig.

Thomas Vogtherr

ZEITRECHNUNG

Von den Sumerern bis zur Swatch

Verlag C. H. Beck

Mit 1 Abbildung und 3 Tabellen

Die Deutsche Bibliothek – CIP-Einheitsaufnahme

Vogtherr, Thomas:
Zeitrechnung : von den Sumerern bis zur Swatch /
Thomas Vogtherr. – Orig.-Ausg. – München : Beck, 2001
(C. H. Beck Wissen in der Beck'schen Reihe ; 2163)
ISBN 3 406 44763 5

Originalausgabe
ISBN 3 406 44763 5

Umschlagentwurf von Uwe Göbel, München

Gesamtherstellung: Druckerei C. H. Beck, Nördlingen
Printed in Germany

www.beck.de

Inhalt

Vorwort

Das vorliegende Buch stellt die Entwicklung der menschlichen Zeitrechnung dar. Es behandelt in seinem ersten Kapitel zunächst in aller notwendigen Kürze die astronomischen Grundlagen der Zeitrechnung. Im zweiten Kapitel und den darauf folgenden stellt es die Kalender des Zweistromlandes, Ägyptens, des antiken Griechenland und des Römischen Reiches, des christlichen Mittelalters und der europäischen Neuzeit dar, beschreibt die vielfältigen Versuche, diese Kalender dem Umlauf der Erde um die Sonne und des Mondes um die Erde anzupassen, und stellt besonders heraus, daß Kalender zu allen Zeiten Phänomene der Elitekultur gewesen sind. Eingeflochten sind Kapitel über die Zeitrechnung des Judentums und des Islams, vor allem um deutlich zu machen, wie sehr diese benachbarten monotheistischen Religionen auf den christlichen Kalender eingewirkt haben oder aber aus ganz ähnlichen Voraussetzungen andere Folgen abgeleitet haben.

Zahlreiche Darstellungen zu Zeitrechnung und Kalenderwesen früherer Zeiten sind diesem Buch vorangegangen. Es verdankt ihnen viel. Die großen Handbücher zur Zeitrechnung seit den Zeiten des Joseph Justus Scaliger (*De emendatione temporum*, 1583) und des damals in Leipzig lehrenden Sethus Calvisius (*Opus chronologicum*, 1605) über die monumentale, letztens 44bändige *Art de vérifier les dates et les faits historiques* ([4]1818–1844) bis zu den heute noch gängigen Handbüchern von Hermann Grotefend (*Zeitrechnung des deutschen Mittelalters und der Neuzeit*, 2 Bde., 1891–1898), Franz Rühl (*Chronologie des Mittelalters und der Neuzeit*, 1897) und Friedrich Ginzel (*Handbuch der mathematischen und technischen Chronologie*, 3 Bde., 1900–1914) zeigen ebenso die Entwicklung der Chronologie zu einer eigenständigen Wissenschaft wie die stete Vervollkommnung der Kenntnisse früherer Kalender, ihrer Struktur und ihrer Anwendung. Unübersehbar ist mittlerweile die Fülle der Spezialliteratur geworden; alleine Aufsätze zur Durchsetzung des Gregorianischen Kalenders in den verschiedenen europäischen Ländern dürften nach Hunderten zählen. Dies alles zu erfassen und erneut zu einem Handbuch der Chronologie auszubauen ist jedoch weder nötig noch sinnvoll. Schneisen durch das Dickicht der Spezialforschung zu schlagen, die wesentlichen Grundzüge der Kalender darzustellen und miteinander zu vergleichen und daran die These vom Kalender als Ergebnis einer Elitekultur zu veranschaulichen: das ist Absicht dieses Buches. Es weiß sich dabei im Vorgehen einig mit dem soeben erschienenen Band von Anna-Dorothee von den Brincken (*Historische Chronologie des Abendlandes*, 2000) und mit der Neuauflage der Arbeit von Rudolf Wendorff (*Tag und Woche, Monat und Jahr*, ²2000), formuliert aber eine von beiden abweichende Leitthese.

Es ist nicht Gegenstand des vorliegenden Bandes, in die physikalischen und philosophischen Aspekte der Zeit einzuführen. Dafür sei auf Klaus Mainzer, *Die Zeit* (C.H. Beck Wissen, ³1999), verwiesen, der im Kern Fragen und Probleme jenseits des Horizontes dieses Buches behandelt.

Für Rat und Hilfe bei der Manuskripterstellung danke ich Herrn Dr. Andreas Wirthensohn vom Verlag C.H. Beck, dessen Vorschläge ich dankbar aufgegriffen habe.

Ein Themenfeld, das so häufig wie in diesem Falle die Sachkompetenz des Mittelalterhistorikers und Hilfswissenschaftlers zu überschreiten droht, ist verantwortlich nur dann zu beackern, wenn man das Risiko eingeht, auch außerhalb der eigenen Wissenschaft entstandene Studien zu verarbeiten. Dabei mögen sich Unzulänglichkeiten eingeschlichen haben, die dem Fachkenner auffallen könnten. Dafür bitte ich um Nachsicht. Leser seien ausdrücklich gebeten, Autor und Verlag auf solcherlei Irrtümer aufmerksam zu machen.

Leipzig, im Herbst 2000 *Thomas Vogtherr*

1. Die astronomischen Grundlagen der Zeitrechnung

Seit dem Anfang aller Geschichte hat sich die Zeitrechnung der Menschen an den Phänomenen des Himmels ausgerichtet. Der scheinbare Umlauf der Sonne um die Erde in einem geozentrischen Planetensystem gab die Länge eines Sonnenjahres vor. Erst seit Nikolaus Kopernikus (1473–1543) weiß man, daß sich in Wahrheit die Erde in einem heliozentrischen System um die Sonne bewegt. Für die Chronologie jedoch spielte diese Entdeckung keine Rolle.

Naturphänomene wie das Eintreten periodischer Hochwässer, etwa im ägyptischen Niltal, sorgten bei allem Schwanken des genauen Eintrittsdatums doch für das Gefühl, in einer sich wiederholenden Folge immer wieder gleichlanger Zeitabschnitte zu leben. Die allgemeine Erfahrung der Jahreszeiten, ihrer Temperatur- und Niederschlagsschwankungen, der Vegetationsperioden und der davon abhängigen Landwirtschaft taten ein übriges, den Ablauf der Jahre deutlich zu empfinden. Südlich und östlich des Mittelmeeres entwickelten sich daraus Jahresteilungen in zwei Jahreszeiten, in den gemäßigteren Breiten nördlich des Mittelmeeres herrschte die Vierteilung des Jahres vor.

Der Ablauf von Neumond zu Neumond strukturierte kürzere Zeitspannen von 29–30 Tagen Dauer. Noch kürzere Abschnitte wurden durch die einzelnen Mondphasen, durch Abstände zwischen Markttagen oder durch die Abstände der christlichen Sonntage bzw. vergleichbarer Feiertage gebildet. Die „Woche“ konnte auf diese Weise, je nach dem jeweils geltenden Kalender oder den ihm zugrundeliegenden kulturellen Normen, sehr unterschiedliche Längen annehmen. Die siebentägige Woche des Christentums, nach dem Ablauf der Schöpfungsgeschichte gebildet, gleichzeitig aber auch als das knappe Viertel eines Mondmonats anzusehen, ist nur eine von mehreren, gleichberechtigt miteinander konkurrierenden Einteilungen dieser Art.

Vielgestaltige Himmelsphänomene ließen sich beobachten. Die Länge eines Schattens wechselte mit der Tageszeit ebenso wie mit den Jahreszeiten. Die Intensität der Sonneneinstrahlung mochte bald stärker, bald schwächer sein und auf diese Weise ebenfalls den Wechsel der Jahreszeiten anzeigen. Das Aufgehen der Sonne und des Mondes war am Himmel sichtbar und folgte in ganz ähnlicher Form Tag für Tag aufeinander. Denen, die diese Vorgänge beobachteten, prägten sich Regelmäßigkeiten ein. Denen, die die Regelmäßigkeiten begriffen hatten, war innerhalb gewisser Grenzen die Vorausberechnung künftiger Himmelsphänomene möglich.

Hinter den Himmelsphänomenen vermutete man in den meisten Religionen und Kulturen der menschlichen Frühzeit göttliches Wirken. Vorgänge wie die am Himmel sichtbaren Wechsel zwischen Helligkeit und Dunkelheit, zwischen verschiedenen Formen des Mondes oder wechselnden Sternenhimmeln entzogen sich menschlicher Erklärbarkeit, wurden Göttern zugeschrieben, die man sich als Personifizierungen der Himmelskörper, des Tages oder der Nacht vorstellte. Diejenigen, die das Kommen und Gehen, das Wirken dieser Götter vorhersagen konnten, waren Schamanen, Priester, Geistliche, deren Vorhersagen die Unkundigen mit dem Respekt des Nichtwissenden gegenüber dem Experten begegneten und nach deren Interpretationen der Himmelsphänomene sie sich richteten.

Es gelang allem Anschein nach bereits sehr früh in der Geschichte, zuerst wohl in den Hochkulturen des Zweistromlandes, aus empirischen Beobachtungen und trotz der Annahme göttlicher Allmacht Kalender abzuleiten, die auf den Regelmäßigkeiten des Beobachteten aufbauten und sie in die Zukunft extrapolierten. In gewisser Hinsicht stellten diese Aufzeichnungen also Vorhersagen über künftig eintretende Vorgänge am Himmel dar. Sofern nicht unvorhergesehene Ereignisse wie Finsternisse, Kometen oder Sternschnuppenfälle auftraten, bewiesen diese frühen Kalender ihre Gültigkeit, indem sie innerhalb gewisser Zeitabstände wiederkehrende Ereignisse zeitlich einzuordnen halfen. Sie gerieten jedoch an die Grenzen des damals Denkbaren und Erklärbaren, wenn irregulär Erscheinendes am Himmel sichtbar wurde. Die Nähe der Götter wurde spürbar, wo die Empirie der Menschen an ihr Ende kam.

Die Grundlagen aller Kalender seit dem Anfang der menschlichen Geschichte sind astronomische Gegebenheiten. Sie konnten nicht zu allen Zeiten so präzise gemessen werden, wie das heutzutage möglich ist. Jedoch waren die Annäherungen der Kenntnisse früherer Zeiten an heute mögliche Meßgenauigkeiten staunenswert. Wo Abweichungen trotzdem vorkamen, wie etwa bei der genauen Bestimmung der Länge eines Sonnenjahres, da wurden aufgrund dieser Abweichungen in sich stimmige und korrekte Berechnungen angestellt, deren Ergebnisse heute nur deswegen nicht mehr gelten können, weil ihre Voraussetzungen präziser bestimmbar geworden sind.

Es bedarf dieser Überlegungen, um zu begründen, daß es nicht ausreichen kann, heutige Ergebnisse astronomischer Messungen über die Länge eines Sonnenjahres, eines Sternenjahres oder eines Mondmonates vorzulegen und anschließend an ihnen das Funktionieren oder Scheitern früherer Systeme der Zeitrechnung vorzuführen und nachzuweisen. Es kommt also nicht darauf an, wie „richtig“ oder wie „falsch“, wie „genau“ Astronomen früherer Zeiten messen konnten, um die innere Stimmigkeit ihrer Kalendersysteme zu erweisen.

Vielmehr kommt es auf zwei voneinander zu trennende Ebenen von Fragen an: Es sollen in einem ersten Schritt heute geltende Meßergebnisse als Grundlage der Zeitrechnung vorgeführt werden. In einem zweiten Schritt, den man in gewisser Hinsicht als einen Ausflug in die Geschichte vergangener astronomischer Forschung bezeichnen kann, sollen dann frühere Ergebnisse von Berechnungen dieser Daten vorgestellt werden. Sichtbar wird dabei nicht etwa eine immer weiter fortschreitende Annäherung der Meßergebnisse an die heute geltenden Werte. Eher wird festzustellen sein, daß Genauigkeit oder Ungenauigkeit durch den von Kultur zu Kultur jeweils unterschiedlich hohen Stand der Astronomie und der Berechnungsmethoden bedingt waren. Frühe Kulturen mochten so aufgrund ihrer ausgeprägten Kenntnisse und Fähigkeiten auf dem Gebiet astronomischer Beobachtung und Berechnung zu größerer Treffsicherheit gelangen als spätere. Der menschliche Fortschritt verlief auch auf diesem Gebiet keineswegs linear.

Grundeinheit aller astronomischen Beobachtungen und Berechnungen sowie der daraus abgeleiteten Kalender ist die Länge eines Tages. Gemeint ist damit das Intervall, das vergeht, bis die Sonne nach einer einmaligen Umdrehung der Erde wieder den höchsten Punkt am Himmel erreicht hat. Die Länge dieses sogenannten mittleren Sonnentages wird heute mit

24 Stunden (h) 3 Minuten (min) 56,6 Sekunden (sec)

angegeben. Die ein wenig über 24 Stunden hinausgehende Länge des Tages erklärt sich dadurch, daß sich die Erde nicht nur einmal um sich selber dreht, sondern sich im Verlaufe dieser Drehung auf ihrer Umlaufbahn um die Sonne voranbewegt und geringfügig mehr als eine komplette Drehung vollbringen muß, bis die Sonne wieder im Meridian steht.

Entscheidend für die Kalenderberechnungen ist zumeist die Länge eines Sonnenjahres. Gemeint ist damit das Intervall zwischen zwei Frühjahrssonnenwenden, also zwischen dem zweimaligen Durchqueren des Himmelsäquators durch die Sonne. Die Länge dieser scheinbaren Wanderung der Sonne über den Himmel, des sogenannten tropischen Jahres, wird in der Astronomie heute mit

365 Tagen (d) 5 h 48 min 46 sec = 365,242199 d

angegeben. Damit ist das Sonnenjahr um etliches länger als eine ganze Zahl von Tagen, aber auch um 11 min 14 sec kürzer als 365¼ Tage, eine Tatsache, die in der Kalenderdiskussion bis in die Neuzeit hinein immer wieder eine Rolle spielte, wenngleich die genaue Größe dieser Differenz je nach der angewandten Berechnungsmethode unterschiedlich angenommen wurde.

Die zweite Möglichkeit der Berechnung der Jahreslänge beruht auf den Umläufen des Mondes um die Erde. Die Länge eines solchen (synodischen) Mondmonats beträgt

29 d 12 h 44 min 2,8 sec = 29,530588 d.

Damit hat ein Mondjahr von 12 Monaten eine Länge von

354 d 8 h 48 min 33,6 sec = 354,36705 d.

Zwischen dem Mondjahr und einem Sonnenjahr besteht folglich eine Differenz von

10 d 21 h 0 min 12,4 sec = 10,875149 d.

Mit diesen astronomischen Grunddaten hatten sich alle Kalenderberechnungen zu allen Zeiten zu beschäftigen. Die sofort sichtbaren, zunächst rein mathematischen Folgerungen waren und sind zweierlei:

- Weder ein Sonnenjahr noch ein Mondjahr lassen sich ohne Rest in eine Zahl von ganzen Tagen aufteilen.
- Die Länge eines Sonnenjahres läßt sich nicht ohne größere Rechenoperationen mit der eines Mondjahres harmonisieren.

Die natürliche Folge aus diesen Tatsachen war in den frühen Hochkulturen des Zweistromlandes und seither in nahezu allen folgenden Kulturen die Entwicklung eines gebundenen Lunisolarjahres. Man sah recht bald, daß das Mondjahr als Grundlage eines auch nur mittelfristig geltenden Kalenders nicht ausreichte. Man sah aber auch, daß das Sonnenjahr eben nicht mit der Länge der Mondumläufe in Übereinstimmung zu bringen war. Die nächstliegende Folgerung war also die Verlängerung des Mondjahres auf die Länge eines Sonnenjahres durch die Einschiebung von Zusatztagen. Die Details wurden dabei von Zeit zu Zeit durchaus unterschiedlich geregelt, ohne daß sich das Grundprinzip änderte. Gleich, ob man einem Mondjahr 354 oder 355 Tage zubilligte, ob man ein Sonnenjahr mit 365 oder 366 Tagen ansetzte oder eine Zwischenform zwischen beiden Jahren von 360 Tagen annahm: Immer stellte sich das Problem der sogenannten Schaltung, also des zusätzlichen Einfügens von Zeitintervallen in das Kalenderjahr, um dieses Kalenderjahr wieder an die Mondumläufe oder den Sonnenstand anzupassen.

Die am häufigsten angewandte Schaltungsmethode war die Einfügung ganzer Monate in das Kalenderjahr. Damit konnte man in der Regel 29–30 Tage Kalenderabweichung auf einmal beseitigen, wenn man dafür in Kauf nahm, daß vor und nach diesen Schaltmonaten unter Umständen größere Abweichungen des Kalenders vom Sonnenstand auftraten. Ein (idealisiertes) Beispiel mag das Problem verdeutlichen:

	Mondjahre	Sonnenjahre	Abweichung
1	Tage 1–354	Tage 1–365	+ 11 Tage
2	Tage 355–708	Tage 366–730	+ 22 Tage
3	Tage 709–1062	Tage 731–1095	+ 33 Tage
Schaltmonat (30 d)	Tage 1063–1092		+ 3 Tage

Die Einschaltung ganzer Monate vollzog sich in den frühen Hochkulturen und noch in Rom zunächst weitgehend zufallsweise und regellos. Das bedeutete einerseits, daß durch Nachlässigkeit erhebliche Fehlermargen auftraten; es brachte andererseits aber auch die Tatsache besonders deutlich zur Geltung, daß die Priesterschaft, in deren Händen die Festlegung der Schaltung im allgemeinen lag, in diesen frühen Kulturen besonders intensiv auf den Kalender einzuwirken vermochte und von der Macht über die Zeit auch entsprechend Gebrauch machte.

Unter diesen Umständen stellte die Ausarbeitung von festen Schaltrhythmen, mit Hilfe derer die Abweichungen in kalkulierten und vorhersehbaren Grenzen gehalten werden konnten, einerseits einen erheblichen Fortschritt zu einer gewissen Rationalität dar. Andererseits wurden der Willkür der Priester, die über die Kalender wachten, dadurch Schranken gesetzt. Feste Schaltrhythmen erforderten allerdings eine mittelfristige Vorausschau, die weit über allgemein übliche Zeitvorstellungen hinausgehen konnte. In verschiedenen Kulturen kam man dabei unabhängig voneinander auf die Idee, einen Zyklus von

19 Mondjahren (= 228 Monaten) durch die Einschaltung von 7 Schaltmonaten mit der Länge von 19 Sonnenjahren zu harmonisieren, und näherte damit die beiden unterschiedlichen Jahreslängen auf ± 1 Tag aneinander an.

Astronomen des Altertums und des Mittelalters kamen den modernen Berechnungen der Jahreslängen unterschiedlich nahe. Nur wenige Beispiele seien genannt, um einerseits die relativ große Präzision zu veranschaulichen, andererseits aber auch deutlich werden zu lassen, daß selbst relative Präzision über längere Zeit zu erheblichen Abweichungen des Kalenders vom tatsächlichen Sonnenjahr führen kann.

Im persisch besetzten Babylonien wurde im 4. Jh. v. Chr. die Länge eines Mondmonats immerhin auf 0,4 sec genau berechnet. Die jahrtausendealte Praxis bei der Beobachtung der ersten Mondsichel nach dem Neumond hatte hier zu staunenswerter Präzision geführt. Eine Abweichung von einem ganzen Tag hätte sich aus diesem Berechnungsfehler erst nach 18 000 Jahren ergeben!

Dagegen berechnete der Grieche Hipparchos von Nikaia (2. Jh. v. Chr.) allem Anschein nach die Länge eines Sonnenjahres auf $365\frac{1}{4}$ d – $\frac{1}{300}$ d = 365 d 5 h 55 min 12 sec und kam damit auf ein Ergebnis, das um 6 min 26 sec zu hoch lag. Die Ungenauigkeit des Hipparchos lag damit fast beim Tausendfachen seiner babylonisch-persischen Kollegen. Seine nur als Fragmente überlieferten Arbeiten lassen vermuten, daß ihm zwar Präzisionsinstrumente zur Himmelsbeobachtung zur Verfügung standen, daß er freilich dennoch einen größeren Teil seiner Ergebnisse durch mathematische Berechnung und nicht unbedingt aufgrund empirischer Beobachtung gewann.

Die Ergebnisse des Hipparchos wurden von Claudius Ptolemäus (2. Jh. n. Chr.) als die vergleichsweise besten Berechnungen durch einen griechischen Astronomen in sein grundlegendes astronomisches Werk *Almagest* übernommen und erlangten dadurch weite Verbreitung. Das von Ptolemäus angenommene und durch umfangreiche Berechnungen gestützte geozentrische Weltbild hatte bekanntlich durch das gesamte

Mittelalter bis an den Beginn der Neuzeit autoritativen Rang. Der *Almagest* des Ptolemäus mit dem von Hipparchos berechneten Wert für die Länge eines Sonnenjahres gilt als eines der am weitesten verbreiteten naturwissenschaftlichen Werke des Altertums und des Mittelalters überhaupt.

Etwa 1272 wurde auf Betreiben König Alfons' X. des Weisen von Kastilien und León (1252–1284) in den sog. „Alfonsinischen Tafeln" die Jahreslänge auf 365 d 5 h 49 min 16 sec fixiert, eine Abweichung von nur mehr 30 Sekunden vom heute gültigen Wert. Der Pariser Quadriviumslehrer Johannes de Muris (ca. 1300 – nach 1357) sorgte in einer schriftlichen „Erklärung der Absicht des Königs Alfons mit seinen Tafeln" (*Expositio intentionis regis Alfonsii circa tabulas ejus*) von 1321 für die weite Verbreitung dieser Tafeln in Frankreich und im übrigen Mitteleuropa.

Mit dieser Länge des Sonnenjahres von 10 min 44 sec weniger als 365¼ d rechneten die spätmittelalterlichen und ein großer Teil der frühneuzeitlichen Kalenderreformer. Für sie ergab sich daraus ein Voraneilen des Kalenders gegenüber dem Sonnenstand um einen Tag in jeweils 134,16 Jahren (statt 128,19 Jahren). Noch im Verlauf der Auseinandersetzungen um die Kalenderreform des 16. Jahrhunderts wurde die Jahreslänge nach den Alfonsinischen Tafeln berechnet. Sie erwiesen sich bis in die Zeit exakter werdender astronomischer Beobachtungen und Berechnungen hinein als Grundlage der Jahreslänge und wurden erst um 1800 endgültig durch die bis heute geltenden Werte abgelöst.

Die Geschichte der Astronomie und der Kalenderrechnung zeigt von den frühesten Spuren einschlägiger Bemühungen bis heute den zugrundeliegenden Versuch, eine möglichst weitgehende Präzision zu erreichen und auf der Grundlage dieser Präzision Folgerungen für den jeweils geltenden Kalender abzuleiten. Dabei ist der grundsätzliche Widerspruch zwischen Mond- und Sonnenjahren nicht aufzuheben, sondern allenfalls durch systematische, ständig zu wiederholende Reparaturarbeiten am Kalender in seinen Auswirkungen zu kontrol-

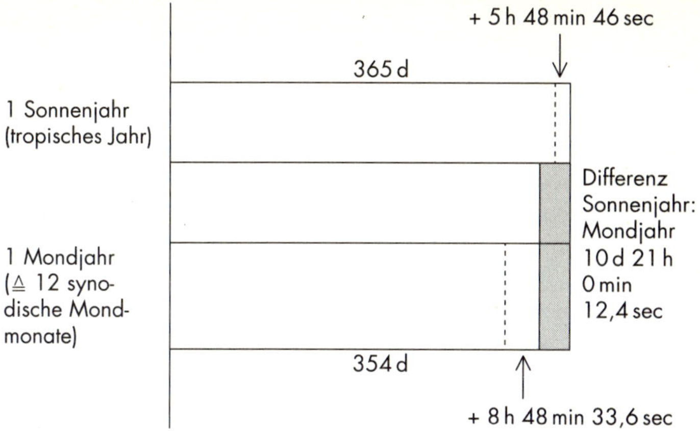

lieren. Solange aber die grundsätzliche Entscheidung nicht aufgegeben wurde, bei einem Kalender mit Mondmonaten zu verharren, war eine dauerhafte und stetig bleibende Annäherung der Kalenderjahre an das Sonnenjahr nicht möglich.

2. Die Zeitrechnung in den frühen Hochkulturen des Zweistromlandes

Mit dem Beginn der Schriftlichkeit in Mesopotamien sind gleichzeitig auch erste Nachrichten von Zeitrechnung und Kalenderwesen verknüpft. Noch sind die Nachweise im 3. Jahrtausend v. Chr. eher spärlich, aber es lassen sich für diese Periode der Menschheitsgeschichte doch schon einige Grundzüge der Chronologie bestimmen. Sie zeigen eine im einzelnen nicht immer deutliche Konkurrenz verschiedener Zeitordnungen: Jahreslängen mochten im Alltag anders gelten als für Angelegenheiten von Recht und Verwaltung; der Tagesbeginn der Astronomen lag anders als der des gemeinen Volkes; der Jahresbeginn wechselte zwischen Frühjahr und Herbst. Da zusätzlich noch in den einzelnen Stadt„staaten“ verschiedene Bezeichnungen etwa der Monate gebräuchlich waren, ist das Nachvollziehen der Zeitrechnung im Zweistromland nur um den Preis von Generalisierungen möglich.

Die Beschäftigung mit dem Ablauf der Zeit war in den landwirtschaftlich strukturierten, aber vergleichsweise hochentwickelten Herrschaftsbildungen des Zweistromlandes in dreierlei Hinsicht von Interesse: Priesterastronomen erwiesen sich als fähig, den Lauf der Gestirne zu beobachten. Sie zogen Folgerungen aus den Stellungen des Mondes, der Planeten und der Sterne zueinander und entdeckten darin sowie im Lauf der Sonne das Wiederkehrende. Diese Empirie führte zur Vorausberechnung von Auf- und Untergängen der Sonne und des Mondes sowie zur Vorhersage von Finsternissen. Es liegt im Charakter dieser Beobachtungen begründet, geradezu zwangsläufig die Vorstellung eines alles bestimmenden Sonnenjahres zu entwickeln.

Die Bedürfnisse der mesopotamischen Landbevölkerung waren wesentlich bescheidener: Kürzere Zeitabschnitte wurden eher durch den Lauf des Mondes sichtbar. Vom ersten Erscheinen der Mondsichel am Himmel nach dem Neumond, dem sogenannten Neulicht, über die verschiedenen Mondphasen bis zum erneuten Neulicht verging ein Mondmonat. Deren zwölf bildeten ein Mondjahr. Die Bedeutung der Mondbeobachtung wird etwa darin sichtbar, daß man den Mondphasen besondere Namen gab: Sichel, Niere und (Königs-) Mütze.

Von wieder anderer Art waren die Anforderungen einer auf Rationalität begründeten Verwaltung: Weder das Sonnen- noch das Mondjahr scheint den Schreibern Sumers für die Bedürfnisse des Rechts und der staatlich kontrollierten Wirtschaft adäquat gewesen zu sein. Sie verwendeten statt dessen ein Jahr von 360 Tagen, das sie aus 12 schematisch gleich langen Monaten von jeweils 30 Tagen zusammensetzten.

Diese verschiedenen Zeitordnungen haben einander weder eindeutig abgelöst, noch sind sie zu unterschiedlichen Zeiten in den verschiedenen Reichen des Zweistromlandes eindeutig vorherrschend gewesen. Vielmehr muß man davon ausgehen, daß sie miteinander im Wettbewerb standen, zur gleichen Zeit benutzt worden sind und daß eine endgültige Standardisierung der Kalendersysteme wohl erst in spätbabylonischer Zeit und unter persischer Oberherrschaft erfolgt sein dürfte.

Allem Anschein nach stand ein Mondjahr von 354 Tagen aus 12 Monaten zu 29 bzw. 30 Tagen an der Spitze der bekannten Kalender aus dem Zweistromland. Dabei wurden die 29tägigen Monate als „hohl", die 30tägigen als „voll" bezeichnet. Das Jahr dürfte seit dem Beginn des 2. Jahrtausends v.Chr. in Südmesopotamien etwa zur Zeit der Frühjahrs-Tagundnachtgleiche begonnen und aus zwei Jahreszeiten bestanden haben, deren eine als Sommer bezeichnet wurde und etwa von März bis August dauerte, deren zweite als Winter das andere Halbjahr umfaßte. Weiter nach Norden, in Assyrien und Anatolien, teilte man das Jahr in drei oder vier Jahreszeiten ein und lieferte damit schon in frühester Zeit einen Nachweis dafür, daß die innere Differenzierung des Jahres um so feingliedriger erfolgt, je gemäßigter das Klima ist.

Die Monatsbezeichnungen scheinen anfangs von Stadt zu Stadt unterschiedlich gewesen zu sein. Jedenfalls sind inschriftlich sehr unterschiedliche Folgen von Monatsnamen überliefert. Lediglich der Name des ersten Monats des Jahres, Nisan, ist sicher bekannt. Er fällt etwa in unseren Monat März und bezeichnet den Zeitpunkt der Frühjahrsbestellung der Äcker. Der Jahresbeginn wurde also damals und noch bis in die römische Zeit hinein durch die Bedürfnisse des bestimmenden Lebensinhaltes, der Landwirtschaft, bestimmt.

Etwa seit dem 21. Jahrhundert v.Chr. sind Versuche bekannt, die Länge des Mondjahres durch Schaltmonate an die des Sonnenjahres anzupassen. Ob die unterschiedliche Länge von Mond- und Sonnenjahr schon vorher beobachtet wurde und ob man das Bedürfnis entwickelte, sie einander anzupassen, ist nicht auszumachen; nun aber kommt die Bezeichnung von Schaltmonaten auf und damit wohl auch die Sache selber. Technisch wurde die Schaltung so vorgenommen, daß ganze Monate schlicht verdoppelt wurden. Zumeist scheint das der letzte Monat des Jahres, der Adar, gewesen zu sein, dem in einem Schaltjahr ein Adar II folgte; gelegentlich ist als Schaltmonat aber auch der sechste Monat des Jahres, der Ulul, verdoppelt worden. Geschaltet wurde also am Ende einer der beiden Jahreszeiten. Die Schaltungen erfolgten offensichtlich willkürlich, ohne ein zugrundeliegendes System, und dürften von den Priestern nach Bedarf vorgeschlagen worden sein. Die endgültige Anordnung oblag dem König.

Man mag diese Versuche der Bindung des Mondjahres an das Sonnenjahr gegen Ende des 3. Jahrtausends v. Chr. als einen Prozeß der zunehmenden Durchdringung des Alltags mit den Ergebnissen der astronomischen Beobachtungen ansehen. Das astronomisch eher primitive und alles andere als zufriedenstellende Mondjahr wäre danach vom Sonnenjahr abgelöst worden, das zu beobachten größere astronomische Fähigkeiten voraussetzt, vor allem aber ein größeres Maß an Abstraktion von den Bedürfnissen des alltäglichen Lebens bedeutet.

Gleichzeitig mit diesem gebundenen Lunisolarjahr liegen aber auch Belege für eine andere Jahreslänge vor: Um 2400 v. Chr. scheint für Angelegenheiten der öffentlichen Verwaltung ein Jahr von 12 Monaten zu je 30 Tagen in Gebrauch gewesen zu sein. Es erfüllte den Bedarf an Rationalität, der der Erhebung von Abgaben, der Ableistung von Dienstpflichten und der Begründung zeitlich begrenzter Schuldverhältnisse zugrunde liegt. Wer Abgaben erhielt, dem mußte an der Berechenbarkeit und Regelmäßigkeit des Zeitablaufes besonders gelegen sein.

Ob aus dieser Jahreslänge das babylonische Sexagesimalsystem mit der Grundeinheit 60 abgeleitet wurde oder ob der Kalender diesem Sexagesimalsystem angepaßt wurde, ist nicht sicher auszumachen. Frappierend ist aber, mit welcher Konsequenz dieses 360tägige Jahr mit dem Sexagesimalsystem harmonierte: Es bestand aus 12 Monaten (= $\frac{1}{5}$ von 60) mit je 30 Tagen (= $\frac{1}{2}$ von 60). Die Monate wurden in sechs „Wochen" (= $\frac{1}{10}$ von 60) zu je 5 Tagen (= $\frac{1}{12}$ von 60) eingeteilt. Die Tage selber waren 12 Doppelstunden lang, so daß eine Woche wiederum aus $5 \times 12 = 60$ Doppelstunden bestand. Jede Doppelstunde wurde ihrerseits in 30 Teile aufgeteilt, deren jeder nach unseren heutigen Begriffen vier Minuten lang war.

Es liegt auf der Hand, daß eine so durchdachte Systematik der inneren Einteilung des Jahres, überhaupt der Beziehung verschiedener Zeiteinheiten zueinander, nur von einer geistigen Elite aufgebracht worden sein kann. Eine hochgebildete und mit wissenschaftlichen Methoden durchaus vertraute Priesterschaft, aus der sich auch die Spitze der königlichen Verwaltung rekrutierte, war in der Lage, Berechnungen dieser Art anzustellen. Der griechische Schriftsteller Herodot (5. Jh. v. Chr.), Zeitgenosse der spätbabylonischen Zeit, bezeichnete Angehörige dieser Elite als Chaldäer, mit der Bezeichnung eines Stammes im südlichsten Mesopotamien.

Unterhalb der schriftkundigen Führungsschichten stand durch die Jahrtausende aller Hochkulturen des Zweistromlandes die übergroße Mehrheit des Volkes, die ohne Kenntnis der Schrift lebte und über keinerlei Kontakte zu jener Führungsschicht verfügte, die über die zuschauende Teilnahme an heiligen Handlungen hinausgegangen wären. Für die Zwecke dieser Bevölkerungsgruppen reichte zunächst ein wesentlich primitiverer Kalender aus, womöglich der schlichte Mondkalender oder das eher undeutlich bezeugte Finanzjahr, das mit der Ernte der Gerste beginnt und damit unter Umständen ungleich lang ist.

Um 380 v. Chr., also schon unter persischer Herrschaft, wurde schließlich ein 19jähriger Zyklus von Mondjahren festgelegt, die durch Einschaltung je eines Schaltmonates in den Jahren 3, 6, 8, 11, 14, 17 und 19 des Zyklus annähernd auf die Länge von 19 Sonnenjahren gestreckt wurden. Es handelte sich im Kern um die Übernahme eines Zyklus, den der griechische Astronom Meton von Athen ein halbes Jahrhundert vorher entwickelt hatte (siehe S. 30). Damit gelang es gleichzeitig, den Jahresanfang am ersten Tag des Monats Nisan nur noch in einem Zeitraum von 27 Tagen um die Frühlingssonnenwende schwanken zu lassen.

Die Jahreszählung der Kulturen des Zweistromlandes beruhte zunächst wohl auf der Bezeichnung einzelner Jahre nach Amtsträgern, wie dies in den Eponymenlisten des frühen Assyrien belegt ist. Einen zweiten Schritt der Entwicklung stellte die Zählung der Königsjahre dar. Schließlich wurden seit der persischen Zeit allgemein gebräuchliche Ären, etwa die Seleukidenära (312 v. Chr.) oder die Arsakidenära (248 v. Chr.?), zum Ausgangspunkt der Jahreszählungen gemacht. Die Techniken der Jahreszählung nach Personen bergen erhebliche Probleme für die modernen Versuche einer genauen Festlegung der Amtszeiten von Herrschern des Zweistromlandes, wurden hier doch – wie etwa auch in Ägypten – angefangene Herrscherjahre als ganze gezählt, so daß man schon bei der Addition zweier aufeinander folgender Regierungsperioden unter Umständen erhebliche Fehlermargen hinnehmen muß.

3. Die Zeitrechnung bei den Ägyptern

Es zählt zu den üblichen Annahmen über die frühesten Entwicklungsphasen der menschlichen Zeitrechnung, daß mit Mondkalendern gerechnet und nach Mondjahren gelebt worden sei. Nachweise dafür, daß dies auch im frühen Ägypten der Fall gewesen sein könnte, fehlen allerdings. Es ist kaum mehr als eine Vermutung, die Ägypter des ausgehenden 5. Jahrtausends v. Chr. hätten für religiöse und private Angelegenheiten einen Mondkalender benutzt. Zeugnisse eines Mondkalenders liegen allerdings aus späterer Zeit durchaus vor, nur bleibt seine Bedeutung sehr stark auf kultische Angelegenheiten beschränkt. Vor allem für die Festlegung der Jahreslänge und des Jahresbeginns hat er keinerlei praktische Bedeutung besessen.

Auch die Hypothese, daß der Beginn eines (nicht belegten) frühägyptischen Mondjahres durch das alljährliche Eintreten des Nilhochwassers in der Folge der Schneeschmelze in Abessinien markiert worden sei, bleibt spekulativ. Diese Überschwemmung pflegte in der zweiten Hälfte des heutigen Monats Juli einzutreten, schwankte aber wie alle Naturphänomene um einige Tage. Dadurch hatte es zu ungleich langen Jahren kommen müssen, die überdies von der Länge eines Mondjahres (354–355 d) abgewichen wären. Ob sich also wirklich aus dem Ungenügen eines frühen ägyptischen Mondjahres das Bedürfnis entwickelt hat, die Jahreslänge wenigstens im Ansatz zu normieren und brauchbarer zu gestalten, steht dahin.

Hinreichend sicheren Boden betritt man bei der ägyptischen Zeitrechnung erst an späterer Stelle. Noch die Existenz eines 360tägigen Rundjahres, das dem Sexagesimalsystem des Zweistromlandes entstammt haben könnte, bleibt schemenhaft. Man muß ein solches Jahr allerdings als notwendige Vorstufe des für Ägypten typisch gewordenen 365tägigen Wandeljahres annehmen. Der Weg zu diesem Wandeljahr führte über die Beobachtung von Naturphänomenen, deren eines für Ägypten von vitalem Interesse war und durch alle Zeiten geblieben ist: das Hochwasser des Nils.

Zum Zeitpunkt des Eintretens des Nilhochwassers pflegte in Ägypten der Stern Sirius (Sothis) in der Morgendämmerung („heliakisch“) aufzugehen und nachmittags wieder vom sichtbaren Himmel zu verschwinden. In Memphis, dem politischen Zentrum des Alten Reiches, geschah das wohl jeweils am 19. Juli. Mit dem Aufgehen dieses gut sichtbaren Sternes begann das Jahr. Gleichzeitig mit dem Aufgehen des Sirius und dem Eintreten des Nilhochwassers dürfte im Laufe des ausgehenden 5. Jahrtausends v. Chr. die Sommersonnenwende gelegen haben. Eine genauere Berechnung des Zeitpunkts, zu dem diese drei Erscheinungen vollständig gleichzeitig zu beobachten gewesen sein könnten, führt hypothetisch auf das Jahr 4236 v. Chr. Mindestens aber liegt der Zeitpunkt der Einführung dieser Jahreslänge vor dem Jahr 2776 v. Chr., mithin in dem Zeitraum der Herrschaft der ersten Dynastie des Alten Reiches. So ansprechend die Vermutung ist, den ersten Pharaonen auch die Festlegung eines neuen Kalenders zuzusprechen, so unsicher bleibt diese Zuschreibung doch, zumal die auf modernen Berechnungen beruhende Chronologie der Herrscher des Alten Reiches weitgehend unsicher ist.

Sicher ist lediglich, daß dieses ägyptische Jahr von 365 Tagen Länge in jedem Fall zu kurz war: Es liegt um 5 h 48 min 46 sec unter der Länge eines tropischen Sonnenjahres, und es ist auch kürzer als das Siriusjahr, das um 2800 v. Chr. 365 d 6 h Länge erreicht hatte und alle 1000 Jahre um etwa 24 sec zunahm. Hier lag das Problem für die weitere Entwicklung des ägyptischen Kalenders oder – um es vorwegzunehmen – der Grund für sein langfristiges Scheitern, das nicht einmal eine grundsätzlich richtig ansetzende Kalenderreform in ptolemäischer Zeit noch verhindern konnte.

Die innere Einteilung des ägyptischen Jahres erfolgte in zwölf Monate von jeweils 30 Tagen Länge, eine Tatsache, die darauf hinweist, daß man sich bereits zu diesem frühen Zeitpunkt der ägyptischen Geschichte nicht mehr an der Länge eines Mondmonats orientierte, wenn es denn eine solche Orientierung des bürgerlichen Jahres überhaupt gegeben haben sollte. Zusätzlich zu diesen 12 × 30 = 360 d wurden jedem Jahr fünf sog. Epagomenentage (griech. Epagomenai = „die Zusätzlichen") angefügt, während derer man auf den Siriusaufgang wartete, der den Beginn des neuen Jahres markieren sollte. Benannt waren diese Epagomenentage nach den Gottheiten Osiris, Horus, Seth, Isis und Nephthys; sie wurden insbesondere zu Gedächtnisfeiern für die Verstorbenen genutzt.

Jeweils vier Monate zu 30 Tagen wurden zu einer Jahreszeit zusammengefaßt. Mit den Namen „Überschwemmung" (Juli bis November), „Saat/Hervorgehen/Anwachsen" (November bis März) und „Hitze/Ernte" (März bis Juli) versehen, weisen diese Jahreszeiten auf die unmittelbare und unbedingte Abhängigkeit auch der inneren Struktur des Jahres von der Landwirtschaft hin. Die einzelnen Monate trugen zunächst keine Namen, sondern wurden offensichtlich innerhalb der Jahreszeiten lediglich durchnumeriert. Schon zur Zeit des Alten Reiches begann sich aber ein fester Kanon der Monatsnamen herauszubilden. Jedem Monat wurde der Name einer Gottheit zugewiesen, deren Hauptfest in diesen Monat fiel und unter deren Schutz der Monat also stand. Die gebräuchlichen Monatsnamen waren: Thoth – Paophi – Hathyr – Choiak; Tybi – Mechir – Phamenoth – Pharmuthi; Pachons – Payni – Epiphi – Mesorê.

Eine Unterteilung der Monate gab es in Form von Dekaden, Abschnitten von jeweils 10 Tagen Länge, die ebenfalls einem Schutzgott unterstellt waren. Diese Dekaden begannen mit einem Dekadenfest, an dem Opfer dargebracht wurden. Sie stellen damit neben den später belegten siebentägigen jüdisch-christlichen Wochen mit ihren Feiertagen und den acht- bzw. neuntägigen Nundinae der Römer ohne diese Feiertage frühe Formen einer kleinteiligen Zeitgliederung dar, die das alltägliche Leben durchgreifend strukturierten.

Die Tage begannen, anders als dies im weiten Umkreis Ägyptens üblich und zeittypisch war, nicht am Abend, sondern mit der Morgendämmerung. Es liegt auf der Hand, daß die genaue Ermittlung eines solchen Tagesbeginnes nicht einfach ist und gewissen Schwankungen unterlag, die aber angesichts eines offensichtlich nicht sehr weit gehenden Bedürfnisses nach astronomischer Meßgenauigkeit hinnehmbar erschienen. Innerhalb der Monate wurden die Tage schlicht numeriert.

Eingeteilt wurden die Tage in 24 ungleich lange Stunden, jeweils 12 für die Nacht und für den Tag. So schwankte die Länge der Stunden jahreszeitlich bedingt: Nachtstunden waren im Winterhalbjahr länger als Tagesstunden und umgekehrt. In dieser Tageseinteilung liegt die Wurzel der bis in das europäische Mittelalter hinein verbreiteten ungleichen Stunden, die erst durch die Erfindung mechanischer Uhren und die damit gegebene Möglichkeit einer gleichmäßigen Zeitmessung endgültig abgelöst werden sollten.

Auch wenn den Ägyptern insgesamt bescheinigt wird, an systematischer Beobachtung von Bewegungen am Himmel nicht sonderlich interessiert gewesen zu sein, so muß die Abweichung des 365tägigen Wandeljahres sowohl vom Siriusjahr als auch vom Sonnenjahr doch aufgefallen sein. Innerhalb von 1461 Jahren von jeweils 365 Tagen Länge erfolgten lediglich 1460 Siriusaufgänge. Die unmittelbare Folge dieser Feststellung war, daß der Kalender in eben diesen 1460 Siriusjahren einmal durch sämtliche Jahreszeiten hindurchwanderte.

Einschneidend waren die Folgen dieser Kalenderwanderung vor allem für die zahlreichen altägyptischen Feste. Bei denjenigen Festen, die bestimmten Gottheiten galten, mochte es noch hinnehmbar erscheinen, wenn sie langsam durch die Jahreszeiten wanderten. Die Verschiebung betrug im Laufe eines Menschenlebens von 60 Jahren immerhin etwa zwei Wochen. Problematisch aber wurde es bei den Festen, die astronomische oder Naturgegebenheiten als Grundlage hatten, bei Erntefesten beispielsweise. Hier war es schlechterdings widersinnig, ein Erntefest aufgrund des Kalenders dann zu feiern, wenn eigentlich hätte gesät werden sollen. So kommt es, daß in den überlieferten ägyptischen Festkalendern willkürliche Verschiebungen der Daten vor allem dieser Feste erkennbar werden, mit Hilfe derer die Übereinstimmung zwischen den astronomisch-natürlichen Anlässen und dem tatsächlichen Festtermin wiederhergestellt werden sollte.

Überraschenderweise scheint das Wandern des Kalenders durch die Jahreszeiten aber kein Nachdenken über eine grundsätzliche Kalenderreform ausgelöst zu haben. Es ist deswegen auch relativ unsicher, wie lange es eigentlich gebraucht hat, die Länge der Wanderung des Kalenders durch die Jahreszeiten auf ebenjene 1460 Siriusjahre beziffern zu können. Überliefert ist die definitive Bezeichnung dieses Zeitraums als „Sothisperiode“ erst in christlicher Zeit, während in der gesamten pharaonischen Zeit von dieser Periode keine Rede ist. Es bleibt dafür nur die Erklärung, daß man entweder die wirkliche Länge dieser Periode nicht zu berechnen vermochte oder daß man einer solchen Berechnung keine Bedeutung beigemessen hat, was freilich einigermaßen unwahrscheinlich ist.

Eine durchgreifende Reform der Jahreslänge und damit ihre weitgehende Anpassung an die faktische Länge des Siriusjahres oder des Sonnenjahres erfolgte erst unter Ptolemaios III. (246–221) im Jahre 238 v. Chr. Im Dekret von Kanopus wird die Abweichung des Kalenders vom Siriusaufgang um einen Tag in jeweils vier Jahren ausführlich dargestellt. Künftig solle, um weitere Abweichungen zu vermeiden, in jedem vierten Jahr nach den fünf Epagomenentagen ein sechster, dem Gott Euergetes gewidmeter Tag eingeschaltet werden. Damit wäre, hätte das Dekret denn längerfristige Geltung behalten, immerhin derjenige Stand erreicht worden, den in Rom erst die Kalenderreform des Julius Caesar im Jahre 46 v. Chr. erreichen sollte (siehe S. 42). Allerdings nahm bereits der Nachfolger Ptolemaios' III., Ptolemaios IV. (221–204), das Dekret von Kanopus wieder zurück. Das Wandeljahr von 365 Tagen Länge blieb auch weiterhin gültig. Es wurde erst durch die Kalenderreform des Augustus in Ägypten abgelöst und durch den Julianischen Kalender ersetzt.

Die Ägypter waren, wie bereits erwähnt, offenbar nur wenig an genauer Beobachtung astronomischer Vorgänge interessiert. Leicht zu beobachtende Vorgänge wie etwa der heliakische Siriusaufgang strukturierten ihre Zeitrechnung, und die daraus erwachsenden Probleme des Auseinanderfallens zwischen dem Siriusjahr und dem 365 tägigen Wandeljahr vermochten die Pharaonen allem Anschein nach nicht zu lösen. So wird die ägyptische Zeitrechnung zu einem Beispiel für die Notwendigkeit ständiger Aushilfen und für die Unfähigkeit zu einer wirklich durchgreifenden Reform. Erst unter griechischem Einfluß kommt es mit dem Kanopus-Dekret zu dieser Reform, die freilich umgehend an der Beharrungskraft der Traditionen scheitert. Dennoch wirkte die ägyptische Jahreslänge und Jahreseinteilung fort: Im Kalender der Französischen Revolution (siehe S. 103) wird man ihr wieder begegnen.

4. Die Zeitrechnung der Griechen

Nicht anders als in anderen Kulturen scheint auch im frühen Griechenland die Beobachtung des Mondumlaufes am Beginn der menschlichen Zeitrechnung gestanden zu haben. Spätestens im 7. Jahrhundert v. Chr. war es gelungen, den Mondmonat auf 29½ Tage zu berechnen. Der Beginn dieses Mondmonats wurde durch das erste Auftreten der Mondsichel am Himmel markiert, durch das Neulicht. Die abwechselnde Aufeinanderfolge von jeweils sechs Monaten zu 30 Tagen

(„volle Monate") und sechs Monaten zu 29 Tagen („hohle Monate") ergab das Mondjahr von 354 Tagen Länge. Bekanntlich ist dieses Mondjahr um etwa einen Dritteltag zu kurz, so daß relativ bald, vermutlich spätestens im 6. Jahrhundert v. Chr., in Abständen ein Schalttag eingefügt werden mußte, durch den innerhalb von acht aufeinanderfolgenden Jahren jeweils drei Jahre auf 355 Tage verlängert wurden. Insgesamt ergab sich für diesen achtjährigen Zyklus von Mondjahren damit eine Länge von 2835 Tagen. Die Abweichung dieses Zyklus von der tatsächlichen Länge der Mondjahre lag also bei etwa 0,06 Tagen.

Dieser frühe griechische Mondjahreszyklus ist in mehrerlei Hinsicht beispielhaft für die Entwicklung des griechischen Kalender- und Zeitverständnisses. Den Griechen, insbesondere offenkundig den athenischen Astronomen und Kalenderrechnern, verdankt das Abendland die konsequente Berechnung und Anwendung von mehrjährigen Zyklen, mit Hilfe derer die Abweichungen der notwendig ungenauen Mond- oder Sonnenjahre möglichst den astronomischen Realitäten angepaßt werden sollten. Diese Anpassung setzt einerseits relativ komplizierte Rechenoperationen voraus, um zu brauchbaren Ergebnissen zu gelangen, andererseits aber – und dies vor allem – die Bereitschaft, diese Zyklen mit ihren regelmäßigen Ein- und Ausschaltungen von Tagen und Monaten auch wirklich anzuwenden und durchzuhalten.

So gesehen, bedeutet die Bindung des griechischen Kalenderwesens an derartige Zyklen zweierlei. Zum einen wird der Einfluß von geistlichen Eliten auf den Kalender kanalisiert: Schaltungen nach Gutdünken sind prinzipiell nicht möglich. Zum anderen wird eine relativ weitgehende Bindung des Kalenders an empirisch erhobene Tatsachen bewirkt: Man könnte von der Herrschaft der Wissenschaft über den Kalender sprechen.

Das frühgriechische Mondjahr hatte freilich den grundlegenden Mangel aller Mondjahre zu allen Zeiten der Menschheitsgeschichte: Es war mit dem scheinbaren Umlauf der Sonne um die Erde nicht kompatibel (siehe S. 13). Bereits zur gleichen Zeit, als man in Griechenland die Länge des Mondjahres, des Mondjahreszyklus und die Abfolge der Schaltungen festlegte, gelang es auch, die Länge des Sonnenjahres zu bestimmen. Das Ergebnis lautete zunächst auf 365 Tage, nach einer rechnerischen Präzisierung recht bald aber auf 365¼ Tage. Damit war klar, daß das Mondjahr 11 bis 10 Tage kürzer war als die angenommene Länge des Sonnenjahres.

Die Notwendigkeit einer Angleichung des Mondjahres an das Sonnenjahr ergab sich nach den Worten des Schriftstellers Geminos (1. Jh. v. Chr.) daraus, daß es den Göttern nicht wohlgefällig gewesen sei, die ihnen regelmäßig zukommenden Opfer in immer wieder sich verändernden Jahreszeiten darzubringen: Ein Frühjahrsgott habe Anspruch darauf, seine Opfer auch im Frühjahr zu erhalten. Das aber sei bei einem durchlaufenden Mondjahr, das sich bereits innerhalb von drei Jahren um einen ganzen Monat gegenüber dem Sonnenjahr verschiebt, schlicht unmöglich.

Die Einschaltung zusätzlicher Tage, mit Hilfe derer man das Mondjahr verlängern konnte, war freilich schwierig: Der Jahresanfang eines Mondjahres war natürlich mit dem Anfang eines Mondmonats, also mit dem Neulicht, identisch. Hätte man nun einfach jährlich einmal die Differenz zwischen einem Mond- und einem Sonnenjahr als Schalttage eingeschoben, so wäre der Jahresanfang nicht mehr mit dem Mondneulicht identisch gewesen. Das sicherzustellen war aber offensichtlich eines der erstrangigen Ziele der griechischen Astronomen des 7. Jahrhunderts v. Chr.

Im Verlaufe mehrerer aufeinanderfolgender Schritte der Annäherung von Mondjahres- und Sonnenjahreszyklen wurde schließlich in den Zeiten Solons und seiner athenischen Verfassungsreform des Jahres 594 v. Chr. ein relativ befriedigendes Ergebnis erzielt. Es beruhte auf zwei mathematisch-astronomischen Vorgaben:

1. Der achtjährige Mondjahreszyklus bestand nun aus fünf Normaljahren zu 354 Tagen und drei Mondschaltjahren zu je 384 Tagen, insgesamt also aus 2922 Tagen. Schaltjahre innerhalb eines solchen Zyklus waren das 3., 5. und 8. Jahr.

2. Ein achtjähriger Sonnenjahreszyklus hatte eine Länge von ebenfalls 2922 Tagen.

Parallelisierte man beide Zyklen, so ergab sich innerhalb von acht Jahren eine immer wieder unterschiedliche Abweichung des Mondjahres vom Sonnenjahr, die sich am Ende dieses Zyklus aber auf Null reduzierte.

Mit dieser Zyklenbildung um die Wende vom 7. zum 6. Jahrhundert v. Chr. war eine hinreichende Genauigkeit im Grunde erreicht, allerdings betrug die tatsächliche Länge von acht Mondjahren zu 5 × 12 und 3 × 13 Mondmonaten in Wahrheit etwas mehr als 2923½ Tage, während acht Sonnenjahre eben etwa 1½ Tage kürzer waren. Diese Abweichung stellte das Problem dar, das in einem weiteren Rechenschritt im Verlaufe des 5. Jahrhunderts v. Chr. angegangen wurde.

Von den beiden athenischen Astronomen Meton und Euktemon, die um 432 v. Chr. eine neue zyklische Berechnung anstellten, weiß man so gut wie nichts, abgesehen von der Tatsache, daß Euktemon als Schüler Metons bezeichnet wird. Gemeinsam wird ihnen als überhaupt ersten Astronomen eine durchgreifende Neuberechnung des Kalenders zugeschrieben.

Ihr Grundgedanke liegt – mathematisch gesehen – auf der Hand: Wenn ein achtjähriger Zyklus von Mond- bzw. Sonnenjahren nicht ausreicht, um zwei wirklich gleichlange Zeiträume damit zu erfassen, muß man den Zyklus nur so weit verlängern, bis die Abweichungen jeweils ganzer Sonnen- und Mondjahre auf ein hinnehmbares Maß reduziert worden sind. Ihr Ergebnis bestand darin, einen Zyklus von 19 Jahren anzunehmen, der seither als Metonischer Zyklus bezeichnet wird. Dieser Zyklus besteht aus präzise 235 Mondmonaten, von denen 125 volle, also 30tägige Monate, 110 aber hohle, 29tägige Monate sein mußten. Wie sich die vollen und hohlen Monate auf die Jahre verteilen sollten und wann die Schaltjahre eingefügt wurden, ist nicht präzise auszumachen und hat moderne Chronologen zu einer schier unendlichen Diskussion über die Feinheiten des Metonischen Zyklus angeregt.

Unstreitig ist aber die hohe Qualität der Annäherung an die Länge von 19 Sonnenjahren zu (damals) durchschnittlich 365¼ Tagen. Die rechnerische Abweichung liegt in 19 Jahren bei einem Vierteltag. Auf das Jahr umgerechnet, betrug sie 0,013 Tage. Erst im Verlaufe von 76 Jahren wuchs sie auf einen vollen Kalendertag an. Als der Astronom Kallippos von Kyzikos um 350 v. Chr. auf diese Größenordnung der Abweichung stieß, war sein Vorschlag einfach der, nach jeweils vier Metonischen Zyklen einen Tag ausfallen zu lassen. Damit war die durchschnittliche Abweichung der Mond- und Sonnenjahreszyklen vollends auf eine mittelfristig hinnehmbare Größenordnung reduziert.

Diese Regelungen hatten, wohlgemerkt, für die innere Struktur der Jahre keinerlei Bedeutung. Sie trotzdem ausführlich darzustellen hat seinen Sinn darin, zu zeigen, wie sehr die Versuche der Annäherung von Mond- und Sonnenjahr eben wirklich den Charakter einer Annäherung haben, nicht aber wirkliche Deckungsgleichheit erreichen können. Es ging in griechischer Zeit und später immer um die Erzielung einer größtmöglichen Annäherung, eines möglichst praktikablen und durchsichtigen Kompromisses. Es konnte und kann nicht um die Herstellung wirklicher Vereinbarkeit zwischen Mond- und Sonnenjahr gehen.

Deutlich geworden ist, wie schwierig der Prozeß dieser versuchten Angleichung beider Jahrestypen gewesen ist. Die erheblichen mathematischen Mühen waren aber nötig, weil man die prinzipielle Bindung des Kalendermonats an den Mondumlauf nicht aufgeben wollte. Die deswegen entwickelten Folgen verschiedener Jahrestypen sind heute kaum mehr völlig zu klären, aber die vollen und hohlen Monate, die Normal- und Schaltjahre folgten in den griechischen Stadtstaaten offenkundig eben doch relativ präzise und orientiert an den Rechenmodellen des Meton und des Kallippos aufeinander.

Die innere Teilung des Jahres wurde im griechischen Raum offensichtlich vom ursprünglichen Charakter des Kalenderjahres als Mondjahr bestimmt. Da das Mondjahr und jeder einzelne Mondmonat mit dem Sichtbarwerden der Mondsichel am Abendhimmel begannen, begann auch jeder einzelne Tag in der Abenddämmerung.

Gegliedert wurde der Tag zunächst nicht in einzelne Stunden, sondern in größere Abschnitte. Homer nennt deren sechs für den Tag: Abend – Nacht – Morgenzwielicht – Morgendämmerung – Tagesmitte – Abenddämmerung. Später nimmt die Zahl der Abschnitte zu, die innere Aufteilung der Tage wird präziser, und der Weg zu den Stunden wird deutlich. Die zunächst überwiegend anzutreffende Teilung der Nacht und des lichten Tages in jeweils drei bis vier Abschnitte geht übrigens auf die militärischen Nachtwachen zurück, die eine Länge von etwa 4–3 (heutigen) Stunden hatten und jede für sich mit einem eigenen Namen bezeichnet wurden.

Die Zeitmessung über Tag erfolgte nach dem Prinzip der Sonnenuhr: Ein normierter Stab, das Gnomon, reichte aus, um aufgrund der unterschiedlichen Richtungen und Längen des Schattens die Tageszeit und die Jahreszeit anzugeben. Perfektioniert wurde dieses System allem Anschein nach etwa im 3. Jahrhundert v. Chr., aus dem die ersten Sonnenuhren überliefert sind.

Die Monate, abwechselnd zu 30 und 29 Tagen gerechnet, wurden im Inneren zweigeteilt. Die Einschnitte waren der Monatserste als der Tag des Neulichts und die Monatsmitte (14./15.) als der Tag des Vollmonds. Die Tage der Monate wurden prinzipiell durchgezählt, allerdings mit einer kurios erscheinenden Abweichung: Innerhalb der Monate wurden die Tage in drei Dekaden eingeteilt. In den beiden ersten Dekaden, also vom 1. bis zum 20. des Monats einschließlich, wurden die Tage vorwärts gezählt, als „2. Tag der 1. Dekade“ oder als „7. Tag der 2. Dekade“. Allein in der dritten Dekade des Monats, also mit dem 21. jedes Monats beginnend, wurden die Tage seit Solons Reform 594 v. Chr. rückwärts heruntergezählt. Der 22. des Monats galt so als „neuntletzter Tag des Monats X“. Was kurios erscheint, hat freilich seinen guten Grund: Die Tageszählung machte deutlich, daß man das Monatsende als die Zeit vor dem Aufgehen des Mondneulichts begriff, also als Vor-Zeit des Monatsbeginns. Dennoch wurde diese Zählweise um 330/325 v. Chr. wieder aufgegeben und durch die einfache Durchzählung auch der Tage der letzten Dekade ersetzt.

Auch in Griechenland trugen die Monate eigene Namen. Ob dies, wie im benachbarten Rom, zunächst bloße Durchzählungen der Monate gewesen sind, steht dahin. Bereits aus dem 7. Jahrhundert v. Chr. besitzt man aber aus verschiedenen griechischen Städten komplette Listen von Monatsnamen. Sie zeigen, worauf an dieser Stelle hingewiesen werden soll, erhebliche Abweichungen von Stadt zu Stadt. Wenn bisher immer von „dem" griechischen Kalenderwesen die Rede war, so handelt es sich strenggenommen um eine unzulässige Verallgemeinerung. Korrekter wäre es, davon zu sprechen, daß die heutigen Kenntnisse griechischer Kalender vor allem für Athen eine recht gute Rekonstruktion der Entwicklungen erlauben, für viele andere Stadtstaaten (Poleis) aber kaum mehr als schemenhafte Kenntnisse vorhanden sind.

Die Liste athenischer Monatsnamen beginnt mit dem Monat Hekatombaion, der nach der modernen Rechnung in den Juli/August fällt. Damit ist gleichzeitig ein Hinweis auf einen Jahresbeginn im Hochsommer gegeben. Wie die folgenden Monatsnamen in Athen geht auch dieser Name auf eines der Opferfeste der athenischen Hauptgottheiten zurück, in diesem Falle auf ein Apollofest. Die weiteren Monatsnamen sind Metageitnion – Boedromion – Pyanopsion – Maimakterion – Poseideon – Gamelion – Anthesterion – Elaphebolion – Munichion – Thargelion – Skirophorion. Da die Monatsnamen von Festen abgeleitet zu sein scheinen, die bereits im 7./6. Jahrhundert v. Chr. an Bedeutung verloren hatten, ist anzunehmen, daß es sich um sehr alte Namen handelt, deren Ausbildung im archaischen Griechenland aber nur vermutet werden kann.

Einzelne Monate wurden vielfach auch zu Jahreszeiten zusammengefaßt. Allerdings ist die Länge der Jahreszeiten, die bei dem Mathematiker und Astronomen Hippokrates von Chios (5. Jh. v. Chr.) überliefert sind, ausgesprochen ungleich: Der Winter wäre danach mehr als zwanzig Wochen lang gewesen, der Sommer immer noch siebzehn Wochen, Frühling und Herbst dagegen nur acht bzw. sieben Wochen. Auf den ersten Blick überraschend ungleichgewichtig, erlaubt die unterschiedliche Länge der vier Jahreszeiten aber doch einen Rückschluß darauf, daß ursprünglich wohl nur zwei Jahreszeiten voneinander unterschieden wurden, nämlich Sommer und Winter. Die Übergangsjahreszeiten Frühjahr und Herbst wurden dann gewissermaßen aus den beiden Halbjahren herausgeschnitten und blieben entscheidend kürzer. Sicher ist auch, daß solche Jahreszeiten weder an Mondmonaten noch an Monatsanfängen orientiert sein konnten.

Natürlich spielen auch in Griechenland der Mond und die Sonne für die Festlegung der Jahreslänge die bestimmende Rolle. Jedoch gibt es bei der Einteilung des Jahres eine Datierungsgewohnheit, die eine griechische Eigentümlichkeit darstellt. Wie anderweit Amtsjahre gezählt werden, so wurde offensichtlich seit den Zeiten der Verfassungsreform des Kleisthenes (Ende 6. Jh., Reformen 509–507 v. Chr.) das Jahr in sog. Prytanien („Zeiten eines Vorstehers") unterteilt.

Dabei handelt es sich um Amtsperioden von Teilen des Rates der Fünfhundert. Eingeteilt in zunächst zehn Phylen mit jeweils einem Strategen, regierten diese Phylen ein Zehntel eines Jahres. Dieses Zehntel wird als Prytanie bezeichnet. In normalen (Mond-)Jahren umfaßte eine Prytanie 35–36 Tage, in Schaltjahren 38–39 Tage. Nun ist es schon schwierig zu unterscheiden, wann etwas kürzere (35 bzw. 38 Tage) mit etwas längeren Prytanien (36 bzw. 39 Tage) abwechselten. Noch schwieriger aber wird die Datierung nach Prytanien, wenn man berücksichtigt, daß die Zahl der Phylen im Laufe der Zeit anwuchs: Im 4. Jahrhundert v. Chr. wurde sie auf zwölf erhöht, seit dem ausgehenden 3. Jahrhundert gar auf dreizehn, so daß die Länge der Prytanien tendenziell abnahm, zuletzt auf etwa 27–29 Tage.

Auf diesem Gebiet ist also mehr Verwirrung eingetreten als Klarheit geschaffen worden. Es bleibt festzuhalten, daß die Länge der Prytanien zwar ungefähr einem Monat gleichkam, mit dem Mondmonat aber nicht das geringste zu tun hat. Wichtig bleibt diese Art der Datierung deswegen, weil hier einer der ganz wenigen Fälle von Datierung nach kurzfristigen Amtsperioden vorliegt, während im übrigen bestenfalls Datierungen nach Amtsjahren praktiziert worden sind.

Die Jahreszählung im archaischen Griechenland erfolgte wohl, wie sonst auch, in Königsjahren. Klarheit darüber gibt es nicht, aber es ist anzunehmen, daß die Jahre eines jeden Königs für sich durchgezählt wurden und daß mit dem Antritt eines neuen Königs auch eine neue Jahreszählung einsetzte.

Als die Könige durch jährlich wechselnde Amtsträger abgelöst worden waren, wurde nach Amtsjahren datiert. Die Athener Archonten, die spartanischen oder dorischen Ephoren gaben den Jahren ihre Namen, aber die Umrechnung von Amtsjahren in Jahre vor Christi Geburt ist heute alles andere als einfach, weil die Überlieferung von Amtsträgerlisten teils lückenhaft, teils widersprüchlich ist.

Unter diesen Umständen gewinnt die Zählung nach Olympiaden eine besondere Bedeutung. Gemeint ist damit der vierjährige Zeitraum, der zwischen zwei Spielen in Olympia verging. Diese Spiele wurden jeweils im Sommer gefeiert, und zwar die geradzahligen im Boedromion (August/September), die ungeradzahligen im Metageitnion (Juli/August). Nach der Überlieferung fanden die ersten Spiele in Olympia im Sommer 776 v. Chr. statt, dem 1. Jahr der 1. Olympiade (Ol. 1,1). Von da an wurden die einzelnen Jahre jeweils als Jahre eines Olympiadenzyklus gezählt, also als 1., 2., 3. oder 4. Jahr der x-ten Olympiade.

Diese Datierung setzte sich in der griechischen, später auch in der römischen Antike in wissenschaftlichen und literarischen Kreisen nahezu überall durch, nicht jedoch im alltäglichen Leben. Als ihr wichtigster Förderer, wenn nicht sogar Urheber gilt Eratosthenes von Kyrene (ca. 284–302 bezeugt), der ansonsten als Mathematiker, Geograph und Philologe hervortrat. Er stellte erstmals Amtsträgerlisten und Olympiadenlisten in einer Gegenüberstellung zusammen, die das leichte Umrechnen von einer in die andere Datierung erlaubte. Fortgeführt wurde diese Olympiadenzählung bis zur Abschaffung der Spiele als angeblich heidnisches Spektakel 393 n. Chr. durch Kaiser Theodosius I. Die Wiedererweckung der Olympischen Spiele durch den Baron Pierre de Coubertin 1896 knüpfte an diese Zählung an, und seither werden feierlich in einem vorgeschriebenen Wortlaut jeweils „die Spiele der x-ten Olympiade" für eröffnet erklärt, ein letzter Reflex der Tatsache, daß „Olympiade" einen Zeitraum bedeutet und nicht etwa die Spiele selber meint.

Die griechische Zeitrechnung zeigt geradezu exemplarisch die Probleme auf, denen sich die Astronomen und Kalenderpraktiker aller Zeiten gegenübersahen. Die Lösungen, die in Griechenland gefunden wurden, sind dominant mathematische Lösungen. Mit Hilfe der Zusammenfassung größerer Zeiträume zu rechenhaften Zyklen wird es möglich, Mond- und Sonnenjahre sehr weitgehend einander anzunähern. Diese Anwendung teils komplizierter Berechnungsmethoden ist nötig, weil die prinzipielle Orientierung des Jahresbeginns am Beginn eines Mondmonats nicht aufgegeben werden soll. In dieser Beziehung stellt die griechische Jahresrechnung einen sehr individuellen Kompromiß zwischen dem Verhaftetbleiben am Althergebrachten und der Orientierung am wissenschaftlich Begründbaren dar.

5. Die Zeitrechnung der Römer

a. Die Königszeit

Mit der Person des zweiten römischen Königs Numa Pompilius (715–673 v. Chr.?) taucht der römische Kalender aus dem Dunkel der Geschichte auf. Als Gesetzgeber und Friedensstifter besaß Numa für die römische Republik und ihre führenden Schichten geradezu mythische Bedeutung, und so wurde ihm neben vielen anderen Einrichtungen und Reformen auch die Umgestaltung des Kalenders zugeschrieben.

Wie lang das Jahr vor Numa gewesen ist, ist nicht auszumachen. Spätere römische Schriftsteller berichten von einer angeblichen Länge von 304 Tagen. Sie läßt sich errechnen aus vier sogenannten vollen Monaten zu je 31 Tagen (März, Mai, Quintilis = Juli, Oktober) sowie den sechs übrigen Monaten zu je 30 Tagen. Eine solche Jahreslänge wäre mit keinem der denkbaren Ausgangspunkte kalendarischer Berechnungen vereinbar: Weder ein Mondjahr noch ein Sonnenjahr oder irgendein sonstiges astronomisch begründbares Jahr weist diese Länge auf. Allerdings könnte die sehr späte Bezeugung der angeblichen Jahreslänge auch auf ein Mißverständnis zurückgehen. Die Einteilung dieses frühen römischen Jahres in zehn Abschnitte würde in anderen, allerdings außereuropäischen Kulturen ihre Parallele haben, ist also nicht gänzlich unmöglich. Dort fänden sich auch Zeitvorstellungen belegt, die die Winterzeit unmittelbar vor der Neubestellung der Äcker eine „tote" und nicht gezählte Zeit sein ließen, so daß die Jahreslänge schon vor Numa durchaus bei mehr als 304 Tagen gelegen haben könnte, selbst wenn nur diese Anzahl von Tagen gezählt worden wäre.

Numa soll dieses frühe Jahr durch die Einführung der Monate Januarius und Februarius auf die Länge von zwölf statt vorher zehn Monaten gebracht haben. Jahresbeginn blieb auch weiter der 1. März, worauf die Durchzählung der darauf folgenden Monate vom Quintilis (= „5. Monat", später Julius) bis zum Dezember (= „10. Monat") hinweist. Januar und Februar wurden an diese zehn Monate angehängt.

Auf Numa soll auch die Unterscheidung zwischen „dies fasti" („erlaubte Tage") und „dies nefasti" („nicht erlaubte Tage") zurückgehen. An den „fasti" war der Abschluß von Rechtsgeschäften erlaubt, während die „nefasti" als öffentliche Feiertage religiösen Zwecken vorbehalten blieben. Die sorgsame Unterscheidung zwischen diesen beiden Arten von

Tagen in öffentlich zugänglichen Kalendarien regulierte das öffentliche Leben in jeder Hinsicht, so daß man hier in gewisser Hinsicht die deutliche Unterscheidung dessen beobachten kann, was als Unterscheidung zwischen Werktagen und Feiertagen in vielen Hochkulturen üblich war und ist.

Ist schon das römische Jahr des Numa nur in Ansätzen erkennbar und rekonstruierbar, so gilt das um so mehr für die Kalender anderer italischer Stämme und Herrschaften, von denen bestenfalls einige wenige Monatsnamen erhalten sind. Ebenso bleibt die weitere Entwicklung des Kalenders in der römischen Königszeit im Dunkel: Ob wirklich Numa Pompilius oder nicht doch Tarquinius Priscus (616–579 v. Chr.) der Schöpfer des Kalenders war und in welcher Form dieser Kalender weitergeführt wurde, steht dahin.

b. Die römische Republik

Klarer sind die weiteren Geschicke des Kalenders in republikanischer Zeit auszumachen. Die Monatslänge betrug 31 (März, Mai, Quintilis, Oktober) oder 29 Tage (April, Juni, Sextilis, September, November, Dezember, Januar), beim letzten Monat des Jahres, dem Februar, nur 28 Tage. Daraus ergab sich eine Jahreslänge von 355 Tagen. Damit scheint das römische Jahr vom Ansatz her ein Mondjahr gewesen zu sein. Allerdings war die Abweichung der Monatslängen vom synodischen Mondmonat von reichlich 29½ Tagen doch beachtlich, und vor allem war das Jahr insgesamt um nahezu zwei Drittel eines Tages zu lang.

Auch der folgende Schritt, den die römische Kalenderentwicklung ebenso nahm wie die Entwicklung in anderen Kulturen, verrät eine gewisse Hilflosigkeit gegenüber der präzisen Astronomie. War die Grundidee des Kalenders höchstwahrscheinlich also die eines Mondjahres gewesen, so mußte man es nun durch periodische Schaltung dem Sonnenjahr möglichst angleichen. Das geschah dadurch, daß man in jedem zweiten Jahr einen Schaltmonat („mensis intercalaris“) von 23 bzw. 22 Tagen einfügte. Er begann jeweils nach dem

23. Februar, dem Fest des Grenzgottes Terminus, und endete vor dem 24. Februar, dem Gedenkfest für die Vertreibung der Könige („regifugium"). Dadurch hatten die beiden Schaltjahre abwechselnd eine Länge von 377 bzw. 378 Tagen.

Wieder machte man dabei, ohne daß Gründe erkennbar wären, einen Fehler: Nicht nur der Ausgangspunkt, das 355tägige Jahr, lag um einiges über der Länge des Mondjahres, sondern auch das Ergebnis nach der Schaltung stimmte nicht ganz mit der Länge eines durchschnittlichen Sonnenjahres überein. Jeweils vier römische Kalenderjahre („tetraëteris") summierten sich zu 1465 Tagen (355 + 378 + 355 + 377). Dadurch kam das durchschnittliche Jahr auf 366¼ Tage und war damit um etwa einen Tag länger als das Sonnenjahr.

Diese Überlänge auszugleichen war nur durch gelegentliche Ausschaltungen möglich. Rechnerisch bedeutet das, daß jeweils nach 5 × 4 Jahren ein ganzer Schaltmonat von 23 Tagen ausgelassen werden mußte, um die Differenz zum tatsächlichen Sonnenjahr auf etwa einen Tag zu reduzieren. Nach 24 römischen Jahren, bei denen einmal ein 23tägiger Schaltmonat ausgelassen wurde, waren 8767 Tage vergangen, nach 24 Sonnenjahren etwa 8766 Tage.

Verfügt wurden diese Schaltungen durch die römischen Oberpriester, vorgenommen wurden sie nach Opportunität oder Bedarf. Angesichts der Vermutung, daß eine wirklich präzise Kenntnis von der Länge eines durchschnittlichen Sonnenjahres in Rom erst im Laufe des 3. Jh. v. Chr. vorauszusetzen ist, liegt es auf der Hand, daß die Schaltungen, die offenkundig keinem festen Zyklus folgten, seltener vorgenommen wurden, als es eigentlich nötig gewesen wäre. Zur Begründung dieser Vermutung hat man allerdings nur wenige astronomisch verwertbare Aussagen der römischen Literatur, aus denen das tatsächliche Verhältnis des Kalenderjahres zum Sonnenstand zweifelsfrei abzuleiten ist. Diese wenigen Zeugnisse weisen auf ein offensichtlich nicht astronomisch begründbares Schwanken der Jahreslänge hin, das zu erheblichen Abweichungen zwischen den Kalenderdaten und dem Sonnenstand führte. So überliefert beispielsweise Livius für den 4. September 168 v. Chr. eine Sonnenfinsternis, deren astronomisches Datum der 21. Juni 168 gewesen sein muß. Zu diesem Zeitpunkt wich also das römische Kalenderjahr um 74 Tage vom Sonnenstand ab!

Allem Anschein nach kann also ein vorhergehender Reformversuch des Kalenders durch die Lex Acilia de intercalando des Jahres 191 v. Chr. kurzfristig nicht von durchschlagendem Erfolg gewesen sein. Dennoch scheinen mittelfristig die Abweichungen des Kalenders von den Jahreszeiten bis zum Beginn des Gallischen Krieges 56 v. Chr. deutlich geringer geworden zu sein. Freilich reichten unzulängliche Einschaltungen innerhalb weniger Jahre (63–46 v. Chr.) bereits aus, die gewaltige Differenz von 90 Tagen zwischen dem Sonnenstand und dem Kalenderdatum zu bewirken.

Neben dem Kalenderjahr spielten die Amtsjahre der Konsuln für die öffentliche Wahrnehmung des Kalenders eine bedeutende Rolle: Bis 222 v. Chr. zu wechselnden Terminen, meist des Frühjahrs (überwiegend März bis Mai), danach bis 154 v. Chr. am 15. März, dann am 1. Januar beginnend, strukturierten diese Einschnitte die öffentliche Zeit mehr als die Zählung nach Kalenderjahren. Eine Durchzählung von Kalenderjahren, etwa nach den späterhin literarisch häufig bezeugten und durch den Gelehrten und Schriftsteller Marcus Terentius Varro (116–27 v. Chr.) popularisierten „anni ab urbe condita", „Jahren seit der Gründung der Stadt" (= Roms), war im öffentlichen Leben nicht von Bedeutung.

So umstritten der Gang des römischen Kalenders in republikanischer Zeit im Detail auch sein mag, so sicher ist die innere Aufteilung des Jahres. Die Monatslängen von 31 bzw. 29 Tagen blieben unverändert, desgleichen die geringere Länge des Februar mit 28 Tagen bzw. der Schaltmonate mit 23 oder 22 Tagen. Der Monatsanfang wurde als „calendae", die Kalenden bezeichnet, wohinter noch die Vorstellung steht, daß er durch die römischen Priester öffentlich ausgerufen wurde (calare = ausrufen im Zusammenhang von religiösen Vorgängen). Im Inneren wurde der Monat durch die Iden in etwa halbiert, zusätzlich in seiner ersten Hälfte durch die Nonen nochmals untergliedert. Auf diese Einschnitte wurde im Sinne eines Countdown heruntergezählt, wobei der jeweilige Zielpunkt als 1. Tag gezählt wurde. So folgte in den 31tägigen Monaten März, Mai, Quintilis (= Juli) und Oktober auf die Kalenden der 6. Tag vor den Nonen, sodann der 5. Tag usw. bis zu den Nonen am Monatssiebten. Es schlossen sich die Tage an, an denen auf die Iden zurückgezählt wurde, als erster der 8. Tag vor den Iden bis zu den Iden am Monatsfünfzehnten. In der zweiten Monatshälfte wurde auf die Kalenden des Folgemonats zurückgezählt. Das bedeutet, daß man z.B. im Mai mit dem 17. Tag vor den Kalenden des Juni begann (= 16. Mai), im Oktober auf die Kalenden des November hinunterzählte.

Hinter dieser Zählmethode stehen alte Vorstellungen und Praktiken der Priesterschaft, noch aus Zeiten der Mondmonate: Die Halbteilung des Monats durch die Iden bezeichnet den Wechsel der Mondphasen vom Neumond zum Vollmond. Der Beginn eines Mondmonats hatte ursprünglich zum Zeitpunkt des Neulichts nach dem Neumond gelegen. Die Vierteilung der ersten Monatshälfte mag auf eine Halbmondphase zurückgehen. Von diesem Zeitpunkt an wird auf das Eintreten des Vollmonds hingezählt.

Neben dieser Zählung der Monatstage standen zwei weitere, miteinander konkurrierende Vorstellungen von „Wochen". Zum einen gab es die „nundinae", alle acht Tage stattfindende Märkte und Versammlungstermine, zum anderen die „hebdomada", die siebentägige Planetenwoche, die vom Judentum und vom Christentum später aufgegriffen wurde. Diese Planetenwoche, in der die einzelnen Wochentage nach den (damals bekannten) Planeten bezeichnet wurden, ist seit dem 1. Jh. n.Chr. bezeugt und wurde unter christlichem Vorzeichen durch Konstantin den Großen endgültig eingeführt, war während der römischen Republik also noch unbekannt.

Der Tagesbeginn war anscheinend nach dem jeweiligen Lebensbereich unterschiedlich: Für religiöse und rechtlich-politische Handlungen galt die Mitte der Nacht als der Beginn des neuen Tages, für den Normalgebrauch der Römer wurde der Tagesbeginn morgens angenommen. Beide Einschnitte sind mit dem ursprünglich offenkundig beachteten Mondjahr nicht recht vereinbar, denn in den meisten anderen Kulturen, die Mondjahre beachten, liegt der Beginn des neuen Tages in der Abenddämmerung. So mag es sich bei beiden Einschnitten um spätere Entwicklungen handeln, die überdies auch erst aus spätrepublikanischer Zeit bezeugt sind.

Der lichte Tag wurde in der römischen Frühzeit offensichtlich nur sehr grob in vier Teile geteilt. Gleiches galt für die Nacht, die in vier, jeweils etwa dreistündige Wachen eingeteilt wurde. Die Kenntnis kleinerer Einheiten, der Stunden, übernahmen die Römer von den Griechen, ebenso wie die ersten Möglichkeiten, diese Einheiten auch mit Hilfe von Sonnen- und Wasseruhren zu messen. Dabei blieb es zunächst bei unterschiedlichen Stunden, deren Länge durch die Länge des lichten Tages bestimmt wurde.

Insgesamt spricht der Kalender der römischen Republik, von der offensichtlich fehlerhaften Jahreslänge und der Notwendigkeit zahlreicher Schaltungen bis hin zur lange Zeit fehlenden Stundeneinteilung, nicht eben für ein intensives Bemühen um astronomische Messungen und ihre Übertragung auf den Kalender. Das fehlende Interesse für diese Probleme war selbst noch im Moment der Reform des republikanischen Kalenders durch Caesar spürbar, dessen Vorbilder womöglich aus Ägypten stammten und dessen Ratgeber mit der griechischen Astronomie vertraut waren.

c. Der Julianische Kalender

Gaius Julius Caesar (100–44 v. Chr.) machte der wieder zunehmenden Abweichung des Kalenderjahres vom Sonnenstand und der Unberechenbarkeit der Jahreslänge ein Ende. Gestützt auf seine diktatorische Amtsgewalt erließ er in der zweiten Hälfte des Jahres 46 v. Chr. ein Kalenderdekret, mit dem er die Grundzüge des bis heute gültigen und durch die Gregorianische Kalenderreform des 16. Jahrhunderts nur unwesentlich veränderten Kalenders festlegte. Das Dekret ist im Wortlaut nicht mehr erhalten, aber durch zeitgenössische und spätere literarische Aufzeichnungen in allen wesentlichen Punkten rekonstruierbar. Sein ausschlaggebender Berater bei diesem Dekret war der wohl aus Alexandria stammende Astronom Sosigenes.

Die Probleme, die zu lösen anstanden, lagen auf der Hand: Zunächst mußten Kalender und Sonnenstand einander angeglichen werden. Das Dekret legte deswegen fest, daß das Jahr 46 v. Chr. durch die Einschaltung von 90 Tagen auf 445 Tage verlängert wurde. Der Schriftsteller Macrobius (5. Jh.) bezeichnete es in der Rückschau als „annus confusionis ultimus", das letzte Jahr des Durcheinanders. Gleichzeitig war damit der 1. Januar als Jahresanfang bestimmt, wie es eigentlich seit dem Jahre 153 v. Chr. bereits gewesen war, als die jeweiligen Konsuln dieses Jahres ihr Amt übernahmen.

Künftige Abweichungen des Kalenders vom Sonnenstand suchte Caesar dadurch zu vermeiden, daß er in einem vierjährigen Zyklus drei Normaljahre mit jeweils 365 Tagen und ein Schaltjahr mit 366 Tagen aufeinander folgen ließ. Die gegenüber dem bisherigen Jahr von 355 Tagen hinzukommenden zehn Tage wurden so auf die Monate verteilt, daß sich das etwas undurchsichtige System der heute noch gültigen Abwechslung von 31 und 30 Tagen sowie des 28tägigen Februar ergab. Im Grundsatz wechseln dabei 31tägige und kürzere Monate miteinander ab, jedoch sind der siebente und der achte Monat des julianischen Jahres gleich lang.

Die Monatsbezeichnungen entsprachen den altrömischen: Ianuarius, Februarius, Martius, Aprilis, Maius, Iunius, Quintilis („fünfter Monat"), Sextilis („sechster Monat"), September („siebter Monat"), Oktober („achter Monat"), November („neunter Monat"), Dezember („zehnter Monat"). An den durchgezählten Monaten erkennt man seither und bis heute, daß der Jahresbeginn zu Zeiten der Benennung dieser Monate im März gelegen hatte, dem Monat der Schneeschmelze und des Kriegsgottes Mars. Durch Caesar wurde er endgültig auf den 1. Januar verlegt.

Der Schalttag („dies intercalaris"), der in jedem vierten Jahr nötig war, wurde nach dem 23. Februar eingefügt, an der glei-

Römischer Kalender

Monatstage	März, Mai, Juli, Oktober.	Januar, August, Dezember.	April, Juni, September, November.	Februar.	Monatstage
1	Kalendis	Kalendis	Kalendis	Kalendis	1
2	VI Non.	IV Nonas	IV Non.	IV Non.	2
3	V	III	III	III	3
4	IV	Pridie Non.	Pridie Non.	Pridie Non.	4
5	III	Nonis	Nonis	Nonis	5
6	Pridie Non.	VIII Idus	VIII Idus	VIII Idus	6
7	Nonis	VII	VII	VII	7
8	VIII Idus	VI	VI	VI	8
9	VII	V	V	V	9
10	VI	IV	IV	IV	10
11	V	III	III	III	11
12	IV	Pridie Idus	Pridie Idus	Pridie Idus	12
13	III	Idibus	Idibus	Idibus	13
14	Pridie Idus	XIX Kal.	XVIII Kal.	XVI Kal.	14
15	Idibus	XVIII	XVII	XV	15
16	XVII Kal.	XVII	XVI	XIV	16
17	XVI	XVI	XV	XIII	17
18	XV	XV	XIV	XII	18
19	XIV	XIV	XIII	XI	19
20	XIII	XIII	XII	X	20
21	XII	XII	XI	IX	21
22	XI	XI	X	VIII	22
23	X	X	IX	VII	23
24	IX	IX	VIII	VI	24
25	VIII	VIII	VII	V (bis VI)	25
26	VII	VII	VI	IV (V)	26
27	VI	VI	V	III (IV)	27
28	V	V	IV	Pd. Kal. (III)	28
29	IV	IV	III	– (Pd.)	29
30	III	III	Pridie Kal.	– –	30
31	Pridie Kal.	Pridie Kal.	–	– –	31
	Aprilis. Junii. Augusti. Novembris.	Februarii. Septembris. Januarii.	Maii. Julii. Octobris. Decembris.	Martii.	

Quelle: Grotefend, Taschenbuch der Zeitrechnung, S. 141.

Datenumsetzung nach dem römischen Kalender

Datierungen nach dem römischen Kalender können sich auf dreierlei verschiedene Monatseinschnitte beziehen:

- auf die Kalenden am jeweiligen Monatsersten,
- auf die Nonen am 5. bzw. 7. des Monats sowie
- auf die Iden am 13. bzw. 15. des Monats.

Die Nonen und Iden werden in der Mehrheit der Monate am 5. bzw. 13. begangen. In nur vier Monaten fallen sie auf den 7. bzw. 15.; dies betrifft die Monate März, Mai, Juli, Oktober (Merkwort: MOMJul).

Von allen Einschnitten aus werden die Tage rückwärtsgezählt, wobei der Ausgangstag jeweils mitgezählt wird. Beispiel: Die zweiten Nonen des Februar fallen auf den 4. Februar (Nonen = 5. Februar = 1. Tag abzügl. 2. Tag = 4. Februar).

Auch von den Kalenden jedes Monats werden die Tage zurückgezählt bis zu den Iden des jeweiligen Vormonats. Das führt dazu, daß Daten des römischen Kalenders (mit Ausnahme der Kalenden selber), in denen die Kalenden genannt werden, bei der Umrechnung in den vorhergehenden Kalendermonat fallen. Beispiel: Die sechsten Kalenden des August fallen auf den 27. Juli (Kalenden = 1. August = 1. Tag abzügl. 2.–6. Tag = 31., 30., 29., 28., 27. Juli).

Für die Benutzung des Kalenderschemas bedeutet das folgendes Vorgehen:

- Bei allen Daten mit der Nennung von Nonen und Iden ist das Schema von oben zu benutzen. Man sucht in den mittleren Spalten nach dem Monatsnamen, der in der betreffenden Datierung benutzt wird, geht in der entsprechenden Spalte so weit nach unten, bis man auf das darin genannte Tagesdatum stößt und findet dann in den äußersten Spalten den entsprechenden Monatstag des modernen Kalenders.
- Bei allen Daten mit der Nennung von Kalenden ist das Schema von unten zu benutzen. Man sucht wiederum in den mittleren Spalten nach dem Monatsnamen, der in der betreffenden Datierung benutzt wird, geht in der entsprechenden Spalte so weit nach oben, bis man auf das darin genannte Tagesdatum stößt und findet dann in den äußersten Spalten den entsprechenden Monatstag des modernen Kalenders, während man den Monatsnamen in der entsprechenden Spalte ganz oben genannt findet.

Eine Ausnahme stellt allein der Monat Februar dar, der in Normaljahren 28 Tage lang ist, während in Schaltjahren nach dem 24. Februar ein Schalttag eingeführt wird und der Monat dadurch 29 Tage lang wird. In diesen Schaltjahren gelten die in der Monatsspalte Februar in Klammern gesetzten Tagesbezeichnungen.

chen Stelle, an der in vorcaesarischer Zeit die Schaltmonate begonnen hatten. Damit war das Durchschnittsjahr mit exakt 365¼ Tagen immerhin mehr als 11 Minuten zu lang, und selbst gemessen an den astronomischen Kenntnissen der Zeit war Caesars Jahr länger als astronomisch richtig. Der griechische Astronom Hipparchos von Nikaia (um 161–127 v. Chr.) hatte längst schon die Jahreslänge auf $365\frac{1}{4} - \frac{1}{300}$ d fixiert (= 365 d 5 h 55 min 12 sec) und war damit um etliches genauer gewesen. So aber sollte es nur 128 Jahre dauern, bis aus der Überlänge des caesarischen Jahres wieder ein ganzer Tag geworden sein würde, um den der Kalender hinter dem Sonnenstand hinterherhinkte. Die Kalenderreformdiskussionen des Mittelalters und des 16. Jahrhunderts fanden hierin ihre Nahrung.

Offensichtlich war das caesarische Kalenderreformdekret aber in einem Punkte mißverständlich. Zwar scheint er selber vorgehabt zu haben, daß jedes vierte Jahr ein Schaltjahr sein sollte, aber allem Anschein nach schalteten die Priester, die diese Aufgabe per Dekret wahrzunehmen hatten, schon in jedem dritten Jahr einen Schalttag ein. Es war Augustus, der diesen Fehler ausbesserte. Im Jahre 8 v. Chr. hatte er festgestellt, daß bereits drei überflüssige Schalttage eingefügt worden waren, ordnete darauf das Ausfallen der drei kommenden Schaltungen an und legte fest, daß erstmals wieder im Jahre 8 n. Chr. und von da an in jedem vierten Jahre geschaltet werden solle.

Neben manch anderen Detailregelungen der Festtage und des Zyklus der Nundinen verdient noch eine Festlegung eine nähere Erwähnung: Caesar fixierte die vier Jahreszeiten und gab ihnen mit der Frühjahrs-Tagundnachtgleiche am 24. März, der Sommersonnenwende am 26. Juni, der Herbst-Tagundnachtgleiche am 26. September sowie der Wintersonnenwende am 24. Dezember einen feststehenden Beginn. Diese Daten stimmten schon zu seiner Zeit astronomisch nicht ganz, blieben aber teils bis in das Mittelalter hinein verbreitet. Erst die Neudefinition des Ostertermins durch das Konzil von Nizäa 325 n. Chr. brachte Änderungen dieser Daten.

Das Andenken an Caesar und Augustus als die Reformer des altrömischen Kalenders wurde umgehend durch Umbenennungen von Monaten verewigt: Noch zu Lebzeiten Caesars wurde der Monat Quintilis in Iulius umbenannt, zum Gedenken an den Geburtsmonat des aus der Gens Iulia stammenden Herrschers. Dem Andenken des Augustus und seiner Festlegung des Schaltungsmodus ist die Umbenennung des Monats Sextilis in Augustus gewidmet.

In Gestalt der durch Caesar veranlaßten Reform hat der römische Kalender das Mittelalter weit überdauert und in denjenigen Regionen Europas, die den späteren Gregorianischen Kalender nicht übernommen haben, bis in das 20. Jahrhundert hinein gegolten. Er ist damit der am längsten geltende europäische Kalender überhaupt, und selbst die Gregorianische Reform des Jahres 1582 hat wesentliche Teile des Julianischen Kalenders nicht nur nicht geändert, sondern nach eingehender Überprüfung geradezu bestätigt. Freilich ist die überragende Qualität des Julianischen Kalenders gerade nicht auf besondere Fähigkeiten römischer Astronomen zurückzuführen, sondern erklärt sich allein durch die Rezeption griechischer und ägyptischer Kalenderberechnungen des 3.–1. Jh. v. Chr.

6. Jüdische Zeitrechnung

Wenn es ein System von Zeitrechnung und Kalender gibt, das bis in kleinste Einheiten hinein religiös bedingt ist und sich tagtäglich als der Versuch ausweist, mit Hilfe teils kompliziertester Rechenoperationen diesen kultischen Anforderungen zu genügen, dann ist es das jüdische. Der jüdische Kalender besteht deswegen einerseits aus einem hochkomplexen System prinzipieller Voraussetzungen; das unterscheidet ihn nicht von anderen Kalendern des Abendlandes. Andererseits aber zeichnen den jüdischen Kalender zahlreiche Ausnahmen von den Voraussetzungen aus, die nur deswegen nötig sind und praktiziert werden, weil anderenfalls die Anforderungen des Festkalenders nicht durchzuhalten wären. Die ständig notwendige Abwägung zwischen prinzipiell gültigen Voraussetzungen und den Ausnahmen davon macht die Schwierigkeiten dieses Kalenders bis heute aus.

In seiner heute gültigen Form wird der Kalender dem Rabbi und Patriarchen Hillel II. von Tiberias (um 359 [?] n. Chr.) zugeschrieben. Mit der Reform durch diesen gelehrten Chronologen wurde eine offensichtlich längere Periode schwankender und im einzelnen auch durchaus unsicherer Kalenderpraktiken abgeschlossen, die im Kern auf verschiedenartige Anpassungen babylonischer Vorgaben zurückgeführt werden können.

Über die Frühzeit des jüdischen Kalenders ist keine umfassende Sicherheit zu gewinnen. So, wie auch die Frühzeit des römischen Kalenders im einzelnen kaum zu rekonstruieren ist und viele Details im Dunkel bleiben, bleiben auch die Kenntnisse der jüdischen Kalenderpraxis bis in das 4. Jahrhundert n. Chr. hinein eher vage. Nur wenige Grundlagen sind sicher: Das jüdische Jahr war offenkundig immer ein Mondjahr mit einer angenommenen Länge von etwa 354 Tagen. Wann in der jüdischen Frühzeit Kalenderschaltungen vorgenommen wurden, bleibt unsicher; daß sie vorgenommen werden mußten, steht angesichts des fortlaufenden Abweichens eines Mondjahres von den Vegetationsperioden außer Zweifel. Die Bibel berichtet von einem Jahresanfang im Herbst, also in der Zeit, in der geerntet werden konnte und die Fülle der göttlichen Schöpfung für den gläubigen Juden unmittelbar erfahrbar wurde.

Der einzelne Tag begann in der Abenddämmerung. Das biblische Buch Genesis berichtet dies im Zusammenhang der Schöpfungsgeschichte: „Da ward aus Abend und Morgen der erste Tag" (Gen. 1, 5). Ebenfalls auf die Genesis geht die strikte Anordnung eines Ruhetages am siebten Tag einer Woche zurück: Gott „ruhte am siebenten Tage von allen seinen Werken, die er gemacht hatte. Und Gott segnete den siebenten Tag und heiligte ihn" (Gen. 2, 2–3). Verbunden mit der Sabbatheiligung in den Zehn Geboten (Ex. 20, 8; vgl. Ex. 16, 25 und 29; Ex. 23, 12) wurde auf diese Weise eine siebentägige Woche vorgeschrieben, die in dieser Form in anderen Kulturkreisen kaum bekannt war und ihre einzige Parallele in Ägypten besitzt (siehe S. 25). Zwar ist diese Woche deswegen keine Erfindung des jüdischen Kalenders, aber durch ihn hat sie ihre zentrale Bedeutung für die Zeitrechnung des Christentums gewonnen. Die Wochentage wurden im jüdischen Kalender, abgesehen vom Sabbat, auch nicht besonders benannt, sondern schlicht durchgezählt.

Diese relativ wenigen grundlegenden Voraussetzungen des jüdischen Kalenders wurden im Verlaufe einer längeren Diskussion um religiöse Inhalte und praktische Auswirkungen zu einem in sich geschlossenen System ausgebaut und verfeinert, dessen Inhalte mit der Kalenderreform Hillels II. endgültig sichtbar werden.

Das Kalenderjahr bestand aus zwölf Mondmonaten, die abwechselnd 29 und 30 Tage lang waren und als „mangelhafte"/„hohle" bzw. „volle" Monate bezeichnet wurden. Dabei gelang es den jüdischen Astronomen mit bewundernswerter Genauigkeit, die Länge des tatsächlichen synodischen Mondmonats zu bestimmen und auf 29 Tage 12 Stunden 44 Minuten 3⅓ Sekunden festzulegen, gegenüber dem heute berechneten Wert eine Abweichung von gerade einer halben Sekunde. Zwölf Mondmonate dieser Länge summierten sich zu einer Jahreslänge von 354 Tagen 8 Stunden 48 Minuten 40 Sekunden.

Die klassischen Probleme notwendiger Angleichung des Mondjahres an das Sonnenjahr bestanden auch für den jüdischen Kalender. Gelöst wurden sie durch die Anwendung des Jahreszyklus des griechischen Astronomen Meton (siehe S. 30), der seit dem 4. Jahrhundert v. Chr. auch in Babylonien angewandt wurde. In 19 Sonnenjahre wurden 235 Mondmonate verrechnet, woraus sich ergab, daß sieben dieser 19 Jahre – jeweils das 3., 6., 8., 11., 14., 17. und 19. Jahr – um einen Schaltmonat länger sein mußten. Eingeschaltet wurde dieser 30tägige Schaltmonat jeweils vor dem sechsten Monat eines Schaltjahres.

Dadurch blieb die prinzipiell vorherrschende Orientierung des jüdischen Kalenders am Mond erhalten, ja sie wurde sogar noch betont. Dem entspricht auch der erhebliche Aufwand, der mit der genauen Bestimmung des Monatsanfangs und Jahresanfangs betrieben wurde. Mit dem ersten Sichtbarwerden der Mondsichel am Abendhimmel begann der einzelne Monat und auch das Jahr insgesamt. Die Ermittlung dieses Momentes setzte eine präzise Beobachtung voraus und mußte möglichst umgehend allgemein mitgeteilt werden. Nicht auf der Vorausberechnung eines bestimmten Momentes also beruhte der Monatsanfang, sondern auf der immer wieder neuen empirischen Beobachtung.

Jeder Gläubige, der die erste Mondsichel beobachtete, war verpflichtet, diese Beobachtung sofort persönlich beim Synedrion in Jerusalem, dem Hohen Rat der jüdischen Priester, zu melden. Dort hörte man seine Meldung an, verhörte ihn über das, was er genau beobachtet hatte, und rief vor dem versammelten Volk feierlich den Beginn des neuen Monats aus. Unmittelbar darauf wurde der Monatsbeginn durch Lichtzeichen, ggf. auch durch Boten, den anderen Landesteilen mitgeteilt. Mit diesem Vorgang, als „Molad" (Geburt) bezeichnet, begann also jeder Monat und naturgemäß auch das Jahr.

Der Anfang jedes Monats und das Ende der vollen, 30tägigen Monate wurden mit einem Feiertag markiert, dem Rosch khodesch. So folgten am Ende eines vollen Monats zwei dieser Feiertage aufeinander. Da am Ende eines hohlen Monats aber kein Feiertag begangen wurde, blieb es bei der Feier des Beginns des Folgemonats.

Der Jahresbeginn lag zunächst im Herbst am 1. Tischri, mit denjenigen Schwankungen um etwa einen Monat, die durch die abweichende Länge des Mondjahres im Verhältnis zum Sonnenjahr begründet sind, und wurde später auf das Frühjahr am 1. Nisan verschoben. Die Monate entsprachen nach der jüdischen Beobachtung relativ genau den einzelnen Sternbildern, ohne daß jedoch die Monatsnamen Übersetzungen dieser Sternzeichennamen wären: Tischri (Waage), Marcheschwan (Skorpion), Kislew (Schütze), Tebeth (Steinbock),

Schwat (Wassermann), Adar (Fische), Nisan (Widder), Ijar (Stier), Siwan (Zwillinge), Tammus (Krebs), Aw (Löwe) und Elul (Jungfrau). In Schaltjahren wurde der Adar um einen Tag verlängert und galt als Schaltmonat. Danach folgte ein eingeschalteter 29tägiger Monat namens Weadar bzw. Adar II, der funktional an die Stelle des eigentlichen Adar trat. Diese kompliziert erscheinende Schaltungsregel hat ihre Parallelen etwa in der Einschaltung des Schalttages im Julianischen Kalender, der auch nicht der letzte Tag des Februar ist, sondern der 24. des Monats (siehe S. 43).

Der jüdische Tag wird in 24 gleich lange Stunden eingeteilt, deren jede aber nicht in Minuten und Sekunden unterteilt wird, sondern in 1080 Chalakim (Singular: Chelek). Ein Chelek ist folglich $3^1/_3$ Sekunden lang und kann seinerseits nochmals in 76 Regaim zu jeweils knapp 0,044 Sekunden unterteilt werden. Für die angewandte Astronomie, wie sie bei Kalenderberechnungen gebraucht wird, spielten allerdings nur die Chalakim eine praktische Rolle, nicht aber die Regaim.

Dieses Kalendersystem besticht durch seine Präzision: Sowohl die empirischen Beobachtungen als auch die Berechnungen der Jahreslänge sind darauf angelegt, einen möglichst hohen Grad an Genauigkeit zu erzielen, und die Ergebnisse dieses Bemühens sind erstaunlich. Freilich stellt die Vereinbarung des Kalenders mit den Anforderungen des jüdischen Kultus noch eine Reihe zusätzlicher Probleme bereit, die zu lösen der Kalender des Judentums mit zahlreichen, mitunter schwer nachvollziehbaren Ausnahmeregelungen versehen werden mußte. Diese Ausnahmen, die hier nicht alle erschöpfend dargestellt werden sollen, waren im Kern dadurch bedingt, daß durch diesen Mondkalender mit seinen Normal- und seinen Schaltjahren die siebentägige Woche bruchlos durchlief und mit dem festen Sabbattag als dem jeweils siebten Tag jeder Woche ein festes Feiertagsgerüst vorsah, das mit anderen Feiertagen kollidieren konnte.

Die Folge dieser Kollisionen machte sich zum einen und vor allem in der Jahreslänge bemerkbar. Unter bestimmten Voraussetzungen konnte es sich als erforderlich herausstellen, das Gemeinjahr von 354 Tagen sowie das Schaltjahr von 384 Tagen jeweils um einen Tag zu verlängern („überzähliges Jahr") oder um einen Tag zu verkürzen („mangelhaftes Jahr"). Daraus ergaben sich nicht weniger als sechs verschiedene Jahreslängen: Gemeinjahre mit 353, 354 oder 355 Tagen sowie Schaltjahre mit 383, 384 oder 385 Tagen. Überzählige Jahre wurden dadurch erzielt, daß man dem eigentlich 29tägigen zweiten Monat Marcheschwan einen 30. Tag hinzufügte; in mangelhaften Jahre wurde der dritte Monat Kislew von 30 auf 29 Tage verkürzt.

Die Begründung für diese unterschiedlichen Jahreslängen liegt auf zwei Ebenen: Zum einen ist die Länge eines Mondjahres auf mittlere Frist nicht präzise in ganzen Tagen auszudrücken. Dadurch kam es zu der Notwendigkeit, hin und wieder ein Jahr um einen Tag zu verlängern und dadurch die Mondjahre an den Mondumlauf anzupassen. Als Faustregel kann man angesichts der angenommenen Länge eines Mondjahres von 354 Tagen 8 Stunden 48 Minuten und 40 Sekunden unterstellen, daß jedes dritte Jahr auf jeden Fall ein überzähliges Jahr sein mußte. Das hat, wohlgemerkt, nichts mit einer Anpassung des Mondjahres an das Sonnenjahr zu tun, denn dafür schaltete man ganze Monate ein, sondern es handelte sich um den Ausgleich zwischen Mondjahr und Mondumlauf.

Auf einer anderen Ebene ergeben sich Konsequenzen für die Jahreslänge aus dem jüdischen Festkalender. Danach darf der Jahresanfang am 1. Tischri niemals auf einem Mittwoch, Freitag oder Sonntag liegen. Mittwoch und Freitag sind ausgeschlossen, weil sonst das Versöhnungsfest Yom Kippur am 10. Tischri auf einen Freitag oder Sonntag fiele. Das aber ist nicht tunlich, weil sich dann durch den Sabbat am Sonnabend eine Folge von zwei Feiertagen ergäbe, die so unterschiedliche Dinge wie die notwendige Zubereitung von Speisen oder die rechtzeitige Bestattung der Toten innerhalb eines Tages nach ihrem Tod erschweren oder ganz unmöglich machen würde. Sonntag als Neujahrstermin ist hingegen ausgeschlossen, weil

Hoschanah rabbah, das Palmfest mit dem rituellen Weideabklopfen im Rahmen des Laubhüttenfestes, dann an einem Sabbat begangen werden müßte, an dem jede Form körperlicher Betätigung untersagt ist.

Beides sind sogenannte Vertagungsfälle: Der Tag des Neujahrsfestes am 1. Tischri wird deswegen so verlegt, daß bei den darauffolgenden Festen solche Kollisionen nicht auftreten. Dieses Ziel erreicht man durch die Verkürzung oder Verlängerung des Gemeinjahres auf 353 bzw. 355 Tage.

Zugegebenermaßen sind diese Berechnungen relativ komplex. Dies bringt es mit sich, daß die Auseinandersetzungen um die Einführung eines hinreichend konstanten jüdischen Kalenders bis in das 4. Jahrhundert n. Chr. nicht abgeschlossen wurden, und auch seither lebt der jüdische Kalender von Ausnahmen dieser Art, von denen es zahlenmäßig noch mehr gibt und deren Konsequenzen hier nur angedeutet wurden. Die Art der Problemlösung zeigt deutlich, daß im Zweifelsfall die ordnungsgemäße Feier der anstehenden Feste den Vorrang vor der astronomischen Präzision hatte. Dies ist für religiös bedingte Kalender verschiedenster Kulturen keineswegs ein Sonderfall, sondern geradezu die Regel. Wichtig wird der jüdische Kalender allein deswegen, weil er unter den religiös begründeten und durchgeformten Kalendern einer der wenigen ist, die heutzutage noch unverändert praktiziert werden.

Zu den Merkmalen des jüdischen Kalenders gehört die Vielzahl religiöser Feste, die sich teilweise in der Länge der Feiern zwischen Israel und der Diaspora unterscheiden, im Grundsatz aber in gleichen Formen von allen Juden der Welt zu gleichen Terminen begangen werden. Der Festkalender setzt mit dem Neujahrsfest am 1./2. Tischri (Rosch haschanah) ein. Am 10. Tischri folgt Jom Kippur, das Versöhnungsfest. Vom 15.–22. Tischri wird acht Tage lang Sukkoth, das Laubhüttenfest, begangen, das in sich aus einer Reihe unterschiedlich gewichteter Festtage besteht und dem christlichen Erntedankfest vom Inhalt her ähnelt. Am 23. Tischri folgt das Fest der Gesetzesfreude (Simkhat Thorah). Vom 25. Kislew bis zum 2. Tebeth erstreckt sich das Chanukkah-Fest. Am 14. Adar – in Schaltjahren im Weadar begangen – wird Purim gefeiert. Die jüdische Parallele zum Osterfest ist das achttägige Passahfest, das am 15. Nisan beginnt und am 22. Nisan abgeschlossen wird. Man feiert hier zugleich ein Frühjahrshirtenfest und das Fest der ungesäuerten Brote zum Gedenken des Auszuges des Volkes Israel aus Ägypten. Im Monat Ijar begeht man das Schülerfest mit einem Getreideopfer (18. Ijar). Fünfzig Tage nach Passah folgt das Wochenfest Schabuoth am 6./7. Siwan, das an die Übergabe der Zehn Gebote auf dem Berg Sinai erinnern soll, ursprünglich aber wohl eher das jahreszeitlich bedingte Ende der Frühjahrsernte in Palästina anzeigte. Dazu treten vor allem Fastentage und -zeiten, die wie in den großen Buchreligionen üblich das Jahr in feste Rhythmen einteilen und für eine sowohl rituelle wie tatsächliche körperliche Reinigung der Gläubigen sorgen sollen.

Eine Besonderheit des jüdischen Kalenders ist eine eigene Ära, die von der Schöpfung der Welt ausgeht. Ihr Datum wird seit der Zeit des Rabbis Hillel II. auf Sonntag, den 6. Oktober 3761 v. Chr., um 23 Uhr 11 Minuten 20 Sekunden jüdischer Zeit fixiert. Nach christlicher Zeitrechnung ist das – wegen des Tagesbeginns der Juden um 18 Uhr christlicher Zeit – der 7. Oktober 3761 v. Chr., 17 Uhr 11 Minuten 20 Sekunden. In diesem Augenblick war nach der bis heute geltenden Auffassung Hillels II. der göttliche Schöpfungsbefehl „Es werde Licht! Und es ward Licht" (Gen. 1, 3) soeben verklungen, und die Welt hatte begonnen zu sein.

Von praktischer Bedeutung ist diese Ära des Judentums offensichtlich erst seit dem 11. Jahrhundert n. Chr., seit dem sie regelmäßiger gebraucht wird. In Gebrauch ist sie bis heute geblieben: Nicht nur der Staat Israel, sondern jede jüdische Gemeinde und jeder gläubige Jude rechnen nach dieser Weltära, unbeschadet der Tatsache, daß es sich um eine bloß konventionelle Annahme eines Schöpfungsdatums handelt, nicht hingegen um eine auch nur annäherungsweise „richtige" Vorstellung.

Einfach in seinen Grundannahmen, komplex in seiner endgültig ausgefeilten Form seit dem 4. Jahrhundert n. Chr., präsentiert sich der jüdische Kalender bis heute in seinem Kern als religiöses Normenwerk, dessen kultische Präzision im Zweifel höher betont wird als die astronomischen Notwendigkeiten. Die genaue Entwicklung dieses Kalenders konnte hier, ebenso wie die innere Durchformung bis heute, nur angerissen werden. Eine genauere Kenntnis des jüdischen Kalenders einschließlich der zahlreichen, religiös bedingten Ausnahmen von den allgemeinen Grundregeln ist auch heute ohne die Konsultation spezieller Literatur kaum zu erwerben. Hier liegt einer der Gründe dafür, daß in der Geschichte des Judentums sehr früh geschriebene, später gedruckte Kalender zu den unentbehrlichen Hilfsmitteln des Gläubigen zählten und wesentlich intensiver genutzt wurden als in vielen anderen Kulturen.

7. Mohammedanische Zeitrechnung

Der Ausgangspunkt für die mohammedanische Zeitrechnung ist die Flucht Mohammeds von Mekka nach Medina im Jahre 622 n. Chr., die „Hedschra“ (Hiǧra). Der genaue Termin dieses Vorgangs wurde 638 durch den Kalifen Omar I. (634–644) auf Freitag, den 16. Juli 622 fixiert, genauer gesagt – aber nur für Astronomen von wirklichem Interesse – auf den Beginn dieses Tages, der wie jeder Tagesbeginn in der Abenddämmerung des Vortages liegt. Die astronomisch korrekte Epoche der mohammedanischen Zeitrechnung ist also der Abend des 15. Juli 622.

Aus diesen Feststellungen ergeben sich bereits zweierlei Folgen: Zum einen beginnt im mohammedanischen Bereich der Tag mit der Abenddämmerung. Zum anderen kommt dem Freitag als dem Tag der Hedschra eine besondere Bedeutung zu, die sich bis heute darin äußert, daß der Freitag als „Tag der Zusammenkunft“ bezeichnet wird, also der Gebetstag innerhalb der siebentägigen Woche ist.

Das mohammedanische Jahr ist das konsequentest denkbare Mondjahr. Der Grund dafür liegt auf der Hand: Die Beobachtung des Mondes fällt am nahezu ausschließlich klaren Nachthimmel der arabischen Halbinsel leichter als in Gebieten, in denen die exakte Feststellung von Vollmond, Neumond und anderen Mondphasen häufig durch Wolkenbildung erschwert oder unmöglich gemacht wird.

Als Mondjahr hat das Jahr der Mohammedaner eine Länge von 354 Tagen und besteht aus 12 Monaten, jeweils abwechselnd zu 30 und 29 Tagen. Damit ist es etwa einen Dritteltag kürzer als das astronomische Mondjahr. Deswegen werden in einem dreißigjährigen Zyklus jeweils das 2., 5., 7., 10., 13., 16., 18., 21., 24., 26. und 29. Jahr am Ende um einen Tag verlängert, wodurch der letzte Monat dann ebenfalls 30 Tage erhält. Eine darüber hinausgehende Schaltung, die den Zweck der Angleichung an das Sonnenjahr haben könnte, betrachten Moslems als durch Mohammed verboten. In der IX. Sure des Korans legt Mohammed ausdrücklich fest, daß der Mond der Herr über die Zeit sei. Damit gilt eine Einschaltung von Tagen oder Monaten in das Mondjahr, die den Zweck verfolgte, das Jahr auf die Länge des Sonnenjahres zu bringen, als theologisch unmöglich. Das Jahr der Moslems bleibt auf diese Weise ein freies Mondjahr.

Allerdings wandert ein solches Mondjahr einschließlich der Monatsanfänge und der Jahreszeiten in etwa 33 Jahren einmal durch das gesamte Sonnenjahr hindurch. Es ist also nicht an die Jahreszeiten, den tatsächlichen Sonnenstand oder die Vegetationsperiode gekoppelt. So war dieses mohammedanische Jahr also in geistlicher und – gewissermaßen – kalendertheoretischer Hinsicht unmittelbar nachzuvollziehen. Das Wandern des Jahresbeginns und damit der einzelnen Monate durch die Jahreszeiten war dem Nomadenvolk der arabischen Halbinsel nicht wichtig. Unbrauchbar wurde diese Art des Jahres erst für Bedürfnisse der Landwirtschaft. Ein Bauer, der sich bei der Feldarbeit am Kalender orientierte, konnte mit einem reinen Mondjahr nichts anfangen. Anders gesagt: Reine Mondjahre wie das der mohammedanischen Frühzeit sind nur bei Nomadenkulturen denkbar, nicht bei Ackerbauern.

Das führte im Verlaufe des 10. Jahrhunderts n. Chr. zur Einführung von Solarjahren. Ihre Einführung ist also gleichzeitig Anzeichen eines kulturellen und gesellschaftlichen Wandels, der sich auf der arabischen Halbinsel vollzog. Die Sonnenjahre besaßen zunächst den Zweck, die Steuererhebung von landwirtschaftlichen Produkten eben an diejenigen Jahreszeiten zu koppeln, in denen diese Produkte gediehen und auf den Markt kamen. Die Folge waren also im Prinzip julianische Jahre, deren eines, das Harāǧ-Jahr, ein Steuerjahr, von 976 bis mindestens 1107 n. Chr. galt, deren zweites, das als Mālīja-Jahr bezeichnete allgemeine Finanzjahr, von etwa 974/992 bis weit in das 19. Jahrhundert in Geltung blieb und 1087 von den Türken übernommen wurde. Am 1. März beginnend, besaß dieses Finanzjahr teilweise sogar lateinische Monatsnamen (Mart, Mais, Agosto). Natürlich stießen diese Steuerjahre, weil sie von den Geboten des Koran abwichen, auf theologisch begründete Kritik, jedoch änderte das nichts an der offensichtlichen Notwendigkeit ihrer Beibehaltung für praktische Zwecke der Verwaltung.

Mit diesen Regelungen standen zwei prinzipiell verschieden laufende Jahre nebeneinander, die miteinander so wenig vereinbar waren, wie dies für Mond- und Sonnenjahre zu allen Zeiten gegolten hat (siehe S. 12). Es verkomplizierte die Situation noch um einiges, daß die mohammedanischen Kalifen bei Kontakten mit dem Abendland daneben gelegentlich auch die Zählung von Jahren nach Christi Geburt anwandten und sie von sich aus neben die Jahre der Hedschra stellten.

Das Innere des Jahres ist zunächst in die 12 Mondmonate zu 29 bzw. 30 Tagen eingeteilt. Die Festlegung des jeweiligen Monatsanfangs beruhte dabei auf örtlicher Beobachtung des Neulichtes. Das Verfahren erinnert an die Beobachtungen des Neulichtes unter den Juden (siehe S. 50) und hatte auch mit denselben Problemen zu kämpfen: Je größer der geographische Raum war, aus dem die Beobachtungen stammten, um so uneinheitlicher waren die Ergebnisse. So kam es gelegentlich zu unterschiedlich angesetzten Monatsanfängen, die in der Regel aber am folgenden Monatsbeginn rechnerisch wieder richtiggestellt werden konnten.

Die jeweils mit dem Sonnenuntergang beginnenden einzelnen Tage wurden in 24 unterschiedlich lange Stunden eingeteilt. Der lichte Tag wurde zusätzlich durch die fünf Gebetszeiten gegliedert. Jeweils sieben Tage wurden, wie im Judentum und im Christentum, zu einer Woche zusammengefaßt. Auch in dieser Beziehung kann der Islam die engen Beziehungen zu den benachbarten, im gleichen geographischen Raum entstandenen Weltreligionen nicht verleugnen. Die einzelnen Wochentage wurden im mohammedanischen einfach durchgezählt, wie das beispielsweise auch aus dem römischen Kalender bekannt ist. Allein der Freitag als „Tag der Zusammenkunft" und der Sonnabend als „Sabbat" wurden herausgehoben.

Der Festkalender der Moslems kennt im Grundsatz nur zwei Hauptfeste: die drei Tage lang gefeierte Beendigung des Fastenmonats Ramadān und das viertägige Opferfest am Ende der Pilgerfahrt nach Mekka. Auch nur annähernde Datierungen dieser Feste nach dem christlichen Kalender zu geben ist völlig unmöglich, denn diese islamischen Feste wandern mit dem Mondjahr durch die Jahreszeiten hindurch. Nur so viel: Der Fastenmonat Ramadān ist der neunte Monat des mohammedanischen Jahres, das Opferfest findet kurz vor der Mitte des zwölften Monats statt.

Neben diesen beiden Hauptfesten stehen nur einige wenige weitere Feste, ja man kann durchaus sagen, daß der islamische Kalender auffallend wenige Feiertage und Feste kennt, ganz im Gegensatz etwa zum christlichen Kalender. Die meisten dieser Feste dienen der Erinnerung an markante Daten aus der Religionsgeschichte des Islam: Geburt und Tod des Propheten Mohammed werden an zwei Festen des dritten Monats (12. und 13. Rabī I) gefeiert. Gleichermaßen gedenkt man seines Schwiegersohnes Ali im fünften Monat (8. und 15. Ǧumādā), der für die Schiiten als erster Imam besondere Verehrung genießt, aber auch von den Sunniten verehrt wird.

Schließlich werden Geburt und Tod Husseins, des 680 als Märtyrer gefallenen Sohnes Alis, im ersten und achten Monat begangen (10. Muharram bzw. 3. Šabān).

In seiner strikten Fixierung auf das Mondjahr ist der mohammedanische Kalender von unbestrittener Durchsichtigkeit und Klarheit. In der Möglichkeit der Beobachtung des Monatsanfanges stellt er auf überdeutliche Art und Weise heraus, wie groß die Schwierigkeiten eines nomadisch lebenden Volkes gewesen wären, einen allgemein gültigen Kalender zu praktizieren, wenn dieser Kalender auf astronomisch schwerer zu beobachtenden Vorgängen aufgebaut gewesen wäre. So aber hatte jeder Gläubige die Möglichkeit, den Monatsanfang selber zu beobachten und nachzuvollziehen. In der zusätzlichen Einführung solarer Steuer- bzw. Finanzjahre gegen Ende des 10. Jahrhunderts n. Chr. zeigt sich trotz des ausdrücklichen Verbotes solcher Jahre durch den Propheten die Fähigkeit der islamischen Verwaltung, die sich tatsächlich wandelnden Verhältnisse in einem zunehmend agrarisch werdenden Land auch im Kalender zu berücksichtigen. Die feste Orientierung am Koran und die dennoch notwendige und auch durchgesetzte Reform schließen einander im mohammedanischen Kalender nicht aus.

8. Die Zeitrechnung des christlichen Mittelalters

Die Verbindung des römischen Kalenders mit dem christlichen Kirchenjahr macht das Besondere der mittelalterlichen Zeitrechnung aus. Wie das Mittelalter insgesamt als Synthese aus Elementen des Römisch-Antiken, des Christlichen und des Germanischen angesehen werden kann, so ist auch die Zeitrechnung des christlichen Mittelalters ohne den ständigen Rückgriff auf den römischen Kalender Caesars undenkbar. Im Laufe der Zeit gewannen dabei die Elemente christlichen Ursprungs die Oberhand über den tradierten römischen Kalender, aber sie ersetzten ihn zu keinem Zeitpunkt des Mittelalters vollständig. Bis über das Ende des Mittelalters hinaus und in manchen Grundstrukturen bis heute bestimmte und bestimmt der Julianische Kalender die Zeitrechnung der beiden christlichen Jahrtausende.

a. Das Osterfest und der Osterstreit

Neben den römischen Kalender traten seit der Spätantike christliche Besonderheiten in der Zeitrechnung. Ihren Ursprung hatten diese christlichen Elemente in der Kernfrage nach der Glaubensverheißung des Christentums. Sie erfüllte und erfüllt sich nach dem Verständnis der glaubenden Christen in der Wiederauferstehung Jesu Christi, des Gottessohnes, am dritten Tag nach seinem Kreuzestod. In dieser Jenseitsverheißung, die die besondere Erwartung der Christen schon zu römischer Zeit von den üblichen Kulten des Römischen Reiches unterschied, liegt das Spezifikum des Christentums. Wer an diese Wiederauferstehung glaubte, feierte sie – und nicht eines der sich bald daneben herausprägenden Feste der neuen Religion – als den Kern der Botschaft Christi.

Dieser zentralen theologischen Bedeutung der Kreuzigung Christi, derer man am Karfreitag gedachte, und seiner anschließenden Auferstehung am darauffolgenden Sonntag, dem Ostersonntag, verdankt das Osterfest seine Rolle als höchstes Fest der Christenheit. Nicht Weihnachten als das Fest der Geburt Christi, nicht das Fest der Anbetung des Kindes durch die Weisen und seiner Taufe durch Johannes (6. Januar), sondern eben Ostern bildet folglich auch den Ausgangspunkt für die Berechnung sonstiger Feste im christlichen Kirchenjahreszyklus. Der Festlegung des Ostertermins kommt deswegen für die Geschichte des christlichen Kalenders zentrale Bedeutung zu.

Die ersten Christen in den Gemeinden Palästinas hielten sich bei der Festlegung des Osterfestes strikt an die Normierungen der jüdischen Gemeinden. Als Juden, die sie gewesen waren, standen die Urchristen diesen Festlegungen so nahe, daß sie sie weder in Zweifel zogen noch durch andere Normen ersetzen wollten. Folglich galt ihnen als Ostertermin der Tag des Frühjahrsvollmondes, noch ohne Rücksicht darauf, auf welchen Wochentag dieser Vollmond fiel. Ostern wurde damit am gleichen Tage wie das jüdische Passahfest begangen, am 14. Nisan (siehe S. 54). Diese Kultgemeinschaft zwischen den Juden und den ersten Christen stellte zunächst kein Problem dar. Aus der Anerkennung dieses jüdischen Passahtermines als christliches Osterfest bezogen die frühen Christen und spätere christliche Anhänger des jüdischen Passahtermins sogar einen ihrer Beinamen: „Quartodecimaner" (etwa: „die Vierzehner").

Mit der Ausbreitung des Christentums über Palästina und vor allem über die Kreise ehemaliger Juden hinaus wurde die Kultgemeinschaft problematisch: Nicht in Palästina ansässige Gemeinden waren weniger stark der Tradition einer jüdisch geprägten Umwelt verpflichtet, und neu getaufte Christen, die vormals „Heiden" gewesen waren, jedenfalls keine Juden, waren eher an einer sichtbaren Abgrenzung der christlichen Festpraxis von der jüdischen interessiert als an ihrer Übernahme. Ein erheblicher Teil der Attraktivität der zahlreichen, miteinander konkurrierenden Kulte im Römischen Reich lag gerade eben darin, Alternativen zu den bereits bekannten Formen der religiösen Verehrung zu bieten.

Vor diesem Hintergrund wird die kompliziert erscheinende Festlegung des christlichen Ostertermins auf den Sonntag nach dem (ersten) Frühlingsvollmond verständlich. Auch die zusätzliche Festlegung, es keinesfalls am gleichen Tage wie das jüdische Passahfest zu begehen, erscheint als logische Folge einer religiösen Konkurrenz zwischen Judentum und Christentum etwa seit dem 2. Jahrhundert n. Chr.

Erstmals in einem Briefwechsel zwischen Bischof Polykarp von Smyrna und Bischof („Papst") Aniketos von Rom (155–166) wird um die Mitte des 2. Jahrhunderts dieser Streit theologisch ausgetragen. Polykarp vertritt dabei die quartodecimanische Auffassung, Aniketos die römisch-christliche Festlegung des Ostertermins auf einen Sonntag. Als wenig später der römische Bischof („Papst") Viktor I. (189–198) Ostern endgültig auf den Sonntag fixierte und die quartodecimanische Gleichsetzung des Osterfestes mit dem jüdischen Passahfest als unrichtig und von den Glaubensgrundsätzen des Christentums abweichend verwarf, war damit der erste Osterstreit ausgelöst.

Zwei Positionen standen sich gegenüber, jede von ihnen theologisch durchaus begründbar und keine von beiden der anderen eindeutig überlegen, im Kern aber eben miteinander unvereinbar. Das führte von beiden Seiten aus zu Verhärtungen der Auseinandersetzung. Sie gipfelten im Ausschluß der oströmisch-kleinasiatischen christlichen Gemeinden und ihrer Bischöfe aus der christlichen Kirche, deren Führung in diesem Punkte der römische Bischof zu haben behauptete. Auch der Vermittlungsversuch des Irenäus von Lyon, eines aus Kleinasien stammenden, griechischsprachigen Geistlichen, der im südlichen Gallien wirkte und deswegen dem römischen Bischof verpflichtet war, bewirkte nichts Wesentliches. Ostern wurde bei den Christen von nun an mehrheitlich am Sonntag nach dem Frühlingsvollmond begangen, nicht mehr am Vollmondtag selber. Vom jüdischen Passahfest war das christliche Osterfest dadurch abgekoppelt. Des Kreuzestodes des Herrn an einem Freitag und seiner Auferstehung am darauffolgenden Sonntag zu gedenken wurde zur sichtbaren Signatur des christlichen Glaubens.

In der Folge wurde die genaue Bestimmung des Osterfestes zu einer Streitfrage zwischen den miteinander konkurrierenden Autoritäten der sich ausbildenden christlichen Amtskirche. Von einer Auseinandersetzung zwischen Judentum und Christentum entwickelte sich der Osterstreit zu einer Konfrontation zwischen Rom und Alexandria, zusätzlich noch zwischen universellem Anspruch auf Durchsetzung innerhalb der Kirche einerseits und der Behauptung der theologischen Eigenständigkeit einzelner Gemeinden andererseits.

Im Jahre 314 legte das Konzil von Arles eindeutig fest, daß die Christen nicht am gleichen Tage Ostern feiern dürften, an dem die Juden Passah feierten. Die genaue Festlegung des Ostertermins sollte dem römischen Bischof zustehen. Wenig später wurde die Frage dann endgültig entschieden, ohne aber im Detail widerspruchsfrei formuliert zu sein. Das Konzil von Nizäa 325 legte fest, daß alle Christen den Termin des Frühlingsvollmondes selber bestimmen sollten, daß sie immer am darauffolgenden Sonntag das Osterfest begehen sollten und daß sie schließlich in denjenigen Jahren, in denen der Frühlingsvollmond auf einen Sonntag fallen sollte, erst am darauffolgenden Sonntag Ostern zu feiern hätten, um einen deutlichen Abstand zum Passahfest sicherzustellen.

Diese Festlegung zeigte die prinzipielle Richtung an: Ostern sollte am Sonntag gefeiert werden, es sollte gemeinsam mit allen Christen und unter allen Umständen getrennt von den Juden begangen werden. Die Tücken des Beschlusses aber lagen im Detail: Im Julianischen Kalender lag der (angenommene) Termin der Frühjahrs-Tagundnachtgleiche am 25. März; nach den Beobachtungen der Ägypter und Alexandriner jedoch (richtiger) am 21. März. In Rom schließlich wurde als Frühjahrsbeginn der Eintritt der Sonne in das Sternbild Widder am 18. März angenommen. Daraus ergaben sich verschiedene Ansetzungen der möglichen Ostertermine christlicher Gemeinden: nach alexandrinischer Rechnung vom 22. März bis 25. April, nach römischer Berechnung jedoch schon vom 20. März bis zum 21. April.

Letztlich setzte sich im Laufe der folgenden Jahrhunderte die alexandrinische Berechnung des Ostertermins durch. Auf der Basis verschiedener Berechnungen von Osterfestzyklen, also tafelartigen Aufstellungen von Terminen der Osterfeste und ihren Wiederholungen in späteren Jahren, kamen Geistliche aus Alexandria zu der Annahme, daß sich dieselbe Folge verschiedener Ostertermine im Ablauf von jeweils 532 Jahren wiederhole. Als Entdecker dieser Tatsache gilt der ägyptische Mönch Annianos (bald nach 400 n.Chr.). Endgültig berechnet aber hat sie erst der in Rom lebende Abt Dionysius Exiguus, der zwischen 525 und 532 n.Chr. diesen Osterfestzyklus im Detail festlegte. Damit waren die komplizierten, aber kaum mehr nachvollziehbaren Differenzen zwischen der römischen und der alexandrinischen Berechnung des Ostertermins im Grundsatz erledigt. Als der angelsächsische Gelehrte Beda Venerabilis († 735) die Ostertafel des Dionysius Exiguus in seinen weitverbreiteten Werken zur Zeitrechnung ebenfalls zugrunde legte, wurde damit die Osterberechnung endgültig und bis heute auf der Basis der Praxis von Alexandria standardisiert.

b. Das christliche Kirchenjahr

Die Osterberechnung war theologisch für den christlichen Kalender von zentraler Bedeutung. Hatte man Ostern festgelegt, so ergaben sich daraus die weiteren Termine im sogenannten „Osterkreis“: die Fastenzeiten vor Ostern, die Termine für die Feier der Himmelfahrt Christi und der Ausgießung des Heiligen Geistes zu Pfingsten, für den Trinitatis-Sonntag und das (erst im 13. Jahrhundert eingeführte) Fronleichnamsfest. Der Ostertermin strukturiert den überwiegenden Teil des Kirchenjahres. Er läßt die Abstände zwischen dem feststehenden Epiphaniastag (6. Januar) und dem Beginn der vorösterlichen Fastenzeit bald größer, bald kleiner werden. Allein die vom feststehenden Weihnachtstermin aus zurückgerechneten Adventssonntage werden auf ebendieses Weihnachtsfest bezogen, stellen also in gewisser Hinsicht „Fremdkörper“ dar. Gleichzeitig verweisen sie aber auch auf die im Laufe des Mittelalters zunehmende Bedeutung des Weihnachtsfestes, in dem sich zwar nicht die Glaubensverheißung des Christentums erfüllt, durch das aber mit der Geburt Christi die unerläßliche Voraussetzung dafür geschaffen wurde.

Wie gliedert sich das mittelalterliche Kirchenjahr im einzelnen? Was hier idealisiert und schematisiert dargestellt werden wird, ist der Zustand des voll entwickelten christlichen Kirchenjahres etwa seit dem 13. Jahrhundert, nicht also ein frühmittelalterlicher, hier und da noch weniger durchstrukturierter und auch mit teilweise anderen Bezeichnungen für Sonntage und Feste versehener Kirchenjahreskalender.

Vor Ostern als dem Beginn und gleichzeitig Höhepunkt des Kirchenjahres liegt die vierzigtägige Fastenzeit mit Aschermittwoch als ihrem Beginn. Da Ostern im Termin schwankt, die vorösterliche Fastenzeit aber von konstanter Länge ist, beginnt sie frühestens am 4. Februar und spätestens am 10. März. Nach Ostern folgt im Abstand von fünfzig Tagen (= 7 Wochen) das Pfingstfest, frühestens am 10. Mai, spätestens am 13. Juni. Zehn Tage vor Pfingsten oder vierzig Tage nach Ostern liegt das Fest der Himmelfahrt Christi, frühestens am 30. April, spätestens am 3. Juni. Nach Pfingsten folgt der Trinitatis-Sonntag (Dreifaltigkeits-Sonntag) und nach ihm weitere 22–27 Sonntage, die schlicht als x-ter Sonntag nach Trinitatis durchgezählt werden.

An den jeweils letzten Trinitatis-Sonntag schließt sich dann die Reihe der vier Adventssonntage an, deren erster zwischen dem 27. November und dem 4. Dezember liegen kann. Das Weihnachtsfest am 25. Dezember und das Epiphanias-Fest („Erscheinung des Herrn") am 6. Januar schließen den Block der Feste um Weihnachten ab. Den Übergang zum Osterfestkreis bilden dann, je nach Ostertermin, ein bis sechs Sonntage nach Epiphanias.

Die drei folgenden Vorfastensonntage, deren erster frühestens am 18. Januar, spätestens aber am 21. Februar gefeiert wird, werden seit dem Mittelalter üblicherweise nach dem Anfangswort des Introitusgesangs der Messe benannt. Mit diesem Gesang während des Einzugs der Geistlichen („Introitus") in die Kirche wird auf den besonderen theologischen Gehalt der jeweiligen Sonntagsmesse hingewiesen. Die Anfangsworte dieser Gesänge stammen überwiegend aus den Psalmen. Sie lauten an den Vorfastensonntagen Circumdederunt, Exsurge und Esto mihi, an fünf der sechs Fastensonntage vor Ostern Invocavit, Reminiscere, Oculi, Laetare und Judica, während der Name des Palmsonntags unmittelbar vor Ostern auf den Einzug Christi in Jerusalem hinweist, bei dem Palmzweige auf die Straße gelegt worden sein sollen.

Die dominante Rolle des Osterfestes für den Kalender des Kirchenjahres dürfte damit deutlich genug hervorgetreten sein. Der Ostertermin hatte weit über die Festlegung dieses einen Tages hinaus praktische Bedeutung für das kirchliche und außerkirchliche Leben der mittelalterlichen Menschen: Die Festlegung der hohen Feiertage betraf auch das weltliche öffentliche Leben, die Festsetzung der vorösterlichen Fastenzeit griff in die Lebensgestaltung auch im privaten Bereich ein. Das Gebot der Enthaltsamkeit während der Fasten bezog sich vor allem auf die Nahrung, griff aber auch in die eheliche Sexualität ein; öffentliche Wirkung hatte es bis hin zum verordneten Verzicht auf Gerichtssitzungen während dieser Wochen.

Die Dominanz religiöser Daten im Kalender ist in dieser Beziehung zwar keine Erfindung erst des Mittelalters, sehr wohl aber stellt dieser christlich begründete und nur aus der Kenntnis der Bibel und des Christentums vollständig erklärbare Kalender die für Mitteleuropa unmittelbarste Ausprägung eines dominant religiös bestimmten Jahreskalenders dar.

c. Der mittelalterliche Heiligenkalender

Schon in den ersten frühchristlichen Gemeinden wurde der Apostel Christi und der Märtyrer gedacht, die um des Glaubens willen ihr Leben gelassen hatten. Der hohe Blutzoll, den die Christen während der Verfolgungen durch den römischen Staat zu leisten gehabt hatten, führte den Überlebenden deutlich vor Augen, in einer Minderheit zu sein, die von einer feindlichen Mehrheit in ihrer Religionsausübung behindert und wegen ihres Bekenntnisses verfolgt wurde. Die christlichen Märtyrer, die sich als Blutzeugen des Glaubens bewährt und ihre besondere Glaubensstärke unter Beweis gestellt hatten, genossen deswegen schon in den Zeiten der Verfolgungen den besonderen Respekt ihrer Glaubensbrüder und wurden in den Gottesdiensten verehrt.

Die ersten spätantiken Kalendarien, beginnend mit dem „Chronographen von 354“ des römischen Kalligraphen Darius Furius Philocalus, verzeichneten bereits die Daten der Martyrien, überdies die Todesdaten der jeweiligen Gemeindevorsteher, in diesem Fall der Bischöfe von Rom. Gedacht wurde dieser Toten – im Grunde bis heute – am Tage ihres Todes. Der Todestag galt als der eigentliche „Geburtstag“ dessen, der nun des ewigen Lebens teilhaftig geworden war. Des Eintrittes in die Ewigkeit gedachten die Hinterbliebenen in der Hoffnung, in den Gestorbenen Fürsprecher für sich bei Gott und Christus gewonnen zu haben. Diese Verstorbenen auf solche Weise in eine Zwischenstellung zwischen Gott und den Menschen zu stellen bedeutete, sie als „Heilige" anzusehen, zu bezeichnen und zu verehren. Noch lag dieser kultischen Verehrung keine kirchenamtliche Entscheidung darüber zugrunde, daß die Verstorbenen würdig gewesen seien, sondern die Verehrung bildete sich faktisch heraus, ohne daß irgendwelche kirchlichen Gremien oder Institutionen darüber vorher hätten befinden müssen.

Die Verehrung der Bischöfe und Märtyrer am Tage ihres Todes gab dem Kalender der christlichen Gemeinden eine zusätzliche Besonderheit gegenüber den Kalendern anderer Kulturen: Mehr und mehr Kalendertage wurden mit dem Gedenken an Heilige belegt. Nicht die Hochfeste und Sonntage alleine sowie zusätzlich einige wenige weitere Feiertage bildeten das Gerüst des Kalenders, sondern auch einfache Wochentage konnten durch das Gedenken an den oder die Tagesheiligen zu Festen erhoben werden. Damit wurde schon der frühchristliche Kalender zu einer – von Gemeinde zu Gemeinde jeweils unterschiedlich ausgeprägten – Folge von Festen verschiedenster Wertigkeit und durchaus differierenden Inhaltes.

Im Verlaufe der Spätantike und des Mittelalters nahm die Zahl der liturgisch verehrten Heiligen oder ihnen gleichgestellter Personen gewaltig zu. Nach Tausenden zählten die Heiligen der römischen Kirche vor der Reformation, und selbst die Veränderungen der Heiligenverehrung in der Neuzeit führten nicht zu einer wesentlichen Reduzierung dieser Zahlen. Die notwendige Folge dieser Tatsache war und ist es, daß jeder einzelne Kalendertag – gleichgültig ob Sonntag oder Wochentag, ob Hochfest oder nicht – zusätzlich mit dem Gedenken an oft mehrere Heilige begangen werden konnte.

Diese Heiligen sind im allgemeinen bestimmten Perioden der Kirchengeschichte recht genau zuzuweisen. In der Entwicklung des Christentums liegt die Tatsache begründet, daß an der Spitze der Heiligenfeste deswegen diejenigen der Evangelisten Matthäus, Markus, Lukas und Johannes sowie der Zwölf Apostel stehen: (Simon-)Petrus und Andreas, Jakobus und Johannes, Philippus und Bartholomäus, Matthäus und Thomas, Jakobus und Simon, Judas Thaddäus und Judas Iskariot nennen die Evangelisten in unterschiedlicher Reihenfolge (Matthäus 10, 2–4; Markus 3, 16–19; Lukas 6, 13–16) und weisen gleichzeitig auf den Judas Iskariot als Verräter an Christus gesondert hin, der folgerichtig auch nicht kultisch verehrt werden konnte. Als „dreizehnter Apostel“ tritt bald Paulus hinzu, dem insbesondere die Verbreitung des christlichen Glaubens unter den Heiden zur Aufgabe gestellt wird.

Die Verehrung der Evangelisten und Apostel ist christliches Allgemeingut, handelt es sich bei ihnen doch um Personen, die für jeden gläubigen Christen von zentraler Bedeutung sein mußten. Vor allem die Apostel hatten überdies den Aufbau und Ausbau der christlichen Gemeinden wesentlich vorangetrieben. Die Briefe des Apostels Paulus ragten unter den Schriftzeugnissen, die für die praktische Entwicklung von Gemeinden wichtig wurden, als wesentlich hervor. So zieht sich die Verehrung der Evangelisten und Apostel seit den frühesten Zeugnissen christlicher Heiligenverehrung in liturgischer Form durch die Aufzeichnungen bis heute hindurch.

Nur zwei Apostel seien als Beispiele angeführt: Christen gedachten der Bekehrung des Saulus zum Paulus am 25. Januar und seines Todestages am 30. Juni. Schon im frühen Mittelalter wurde das Paulusfest des 30. Juni mit dem Totengedenken für Petrus am 29. Juni zusammengelegt. Petrus seinerseits war Gegenstand von Feiern am 22. Februar, an dem man der Stuhlsetzung in Rom und damit dem Beginn seiner Wirksamkeit als erster „Papst“ gedachte, und am 1. August, dem Tage seiner Verhaftung und Kettenlegung. Wie für diese beiden Apostel, so gab es vergleichbare Feste auch für die anderen. Gefeiert wurden sie regional und von Gemeinde zu Gemeinde unterschiedlich intensiv, je nachdem, welcher der Apostel für die jeweilige Gemeinde und ihr Entstehen für besonders wichtig gehalten wurde.

Neben die Evangelisten und Apostel traten bald die Blutzeugen des Christentums („Märtyrer") aus den Zeiten der Verfolgungen, die als Heilige verehrt wurden. Seit dem 4. Jahrhundert, das die Gleichberechtigung des Christentums mit anderen Staatsreligionen des Römischen Reiches gebracht hatte, galt die Verehrung auch Asketen und Bischöfen. Spätere Jahrhunderte kannten die Typen des heiligen Königs oder Ritters; Päpste wurden ebenso als heilig verehrt wie Mönche. Zunehmend konnten auch Frauen als Heilige betrachtet werden und wurden verehrt, wie dies seit frühchristlicher Zeit bereits für einige der biblisch bezeugten Frauen gegolten hatte.

Aus diesen vielfältigen Quellen speisten sich die mittelalterlichen Heiligenkalender: Sie unterschieden sich von Region zu Region, zumeist von Bistum zu Bistum. Daneben hatten größere Städte ihre eigenen Heiligenkalender, ebenso die Orden und sonstigen geistlichen Gemeinschaften. Nicht immer säuberlich getrennt von den allgemein zu verehrenden Heiligen wurden regional oder lokal herausragende und bedeutende Personen verehrt, ohne daß es sich bei ihnen im kirchlich anerkannten Sinne um Heilige handelte.

Die Kenntnis der regionalen Unterschiede dieser Heiligenkalender erlaubt es, Rückschlüsse auf ihre Herkunft zu ziehen. Wo ansonsten nur wenig verehrte Heilige in das Zentrum der liturgischen Verehrung aufrücken, handelt es sich bei ihnen meist um Patrone des Bistums, des Klosters oder des Ordens, innerhalb dessen sie verehrt werden. Die Verehrung des Heiligen Vitus beispielsweise, eines Knaben, der unter dem römischen Kaiser Diokletian den Tod als Bekenner des Christentums gestorben sein soll, hat ihr Zentrum seit der Mitte des 8. Jahrhunderts in der französischen Königsabtei Saint-Denis, seit 836 im norddeutschen Corvey. Von dort strahlt die Vitusverehrung nach Osten hin aus, bis nach Prag zum dortigen Veits-Dom. Als einer der spätmittelalterlichen Vierzehn Nothelfer wird Vitus im 15. Jahrhundert vor allem gegen Epilepsie und Veitstanz (Tanzwut) angerufen. Insbesondere für das frühe und hohe Mittelalter weist die Verehrung eines solchen Heiligen in aller Regel auf enge Verbindungen mit dem jeweiligen Kultzentrum hin. Die Patrozinienforschung, also die Erforschung der Verbreitung von Kirchenpatronen, macht sich diese Tatsache zunutze und leitet aus mittelalterlichen Kalendern ebenso wie aus sonstigen Formen der Heiligenverehrung Kultzusammenhänge ab, die weit über den Bereich der Zeitrechnung hinaus auch für Fragen der politischen Geschichte von Bedeutung sein können.

d. Die Grundelemente der christlichen Zeitrechnung: Tag und Woche

Das christliche Mittelalter übernahm vom Römischen Reich den Tagesbeginn zu Mitternacht. Dagegen standen zwar immer Vorstellungen von einem bürgerlichen Tag, der mit dem Tageslicht beginnt und nach der darauffolgenden Nacht endet, jedoch konnten sich diese Vorstellungen zu keinem Zeitpunkt allgemein durchsetzen, obwohl sie den unstreitigen Vorzug besaßen, sich augenscheinlich auf die Bibel berufen zu können: „Da schied Gott das Licht von der Finsternis und nannte das Licht Tag und die Finsternis Nacht" (1. Mose 1, 4–5). Freilich folgte in der Bibel sofort der Satz „Da ward aus Abend und Morgen der erste Tag" (1. Mose 1, 5), so daß es immerhin möglich und denkbar erschien, eben doch noch einen anderen Beginn des Tages, den jüdischen Tagesbeginn mit dem Sonnenuntergang, anzunehmen.

Auch die Unterteilung des Tages erinnerte vielfältig an den römischen Ursprung eines großen Teils der Grundlagen christlicher Zeitrechnung. Tag und Nacht wurden in Blöcke zu jeweils drei Stunden eingeteilt, entsprechend der Länge der militärischen Nachtwachen. Daraus entwickelte sich im Mittelalter die Bezeichnung der Stunden als Terz („dritte Stunde"), Sext („sechste Stunde"), Non („neunte Stunde") und Duodez („zwölfte Stunde"), meist aber als Vesper bezeichnet. Da die Stunden ursprünglich ebensowenig gleich lang waren wie in Rom, sondern im Sommer über Tag länger und im Winter über Tag kürzer, ist es schwer, dafür Entsprechungen nach der heutigen Stundenzählung zu benennen.

Zusätzlich zu den aus Rom übernommenen vier Einteilungen des Tages gewannen im Mittelalter noch drei weitere Tageszeiten an Bedeutung: zunächst die Matutin als die Stunde des Endes des Nacht, sodann die Prim („erste Stunde") als die Stunde des Beginns der Morgendämmerung und schließlich die Komplet als die Stunde unmittelbar vor dem Sonnenuntergang. Täglich wiederholte sich die Abfolge dieser sieben kanonischen Stunden aufs neue: Matutin – Prim – Terz – Sext – Non – Vesper – Komplet. Sie regelte den Tag besonders in der Liturgie: Nach der Prim wurde die Frühmesse gefeiert, nach der Terz die Hauptmesse. Sieben Stundengebete („Horen") bestimmten den Tagesablauf der meisten Mönchsorden und gaben den Rahmen für die Essenszeiten, die Arbeitsstunden und die Ruheperioden.

So wurde die Beachtung des Stundenablaufs zum Grunderfordernis menschlichen Zusammenlebens, vor allem in kirchlichen Angelegenheiten. Die Stunden, ungleich lang, wie sie waren, mußten beobachtet und beachtet werden, wollte man den Tagesablauf bewahren und nicht „aus dem Rahmen fallen lassen". Die Reglementierung des Tagesablaufs durch kleinschrittig vorgenommene Einteilungen ist also nicht etwa eine Erfindung der Moderne, sondern eine Vorgehensweise, die bereits im Mittelalter weit verbreitet und selbstverständlich vertraut war.

Im Laufe des Spätmittelalters verbreiteten sich dann Uhren, die imstande waren, gleichlange Stunden zu messen und anzuzeigen. Damit schwankte die Länge der Stunden nicht mehr zwischen Sommer und Winter, sondern sie war unabhängig von den Jahreszeiten jeweils gleich. Das brachte freilich erhebliche Schwierigkeiten mit sich: Die bisherige Orientierung der zwölf Tagesstunden am Sonnenstand, also die Einteilung des hellen Tages – gleich, wie lang er dauerte – in zwölf Stunden, galt nicht mehr. Sehr wohl aber galt das Erfordernis noch weiter, die Messe zu bestimmten Zeiten zu feiern und die Stundengebete zum jeweils richtigen Moment zu sprechen.

Unter diesen Umständen wurde der Umgang mit den öffentlichen Uhren des späten Mittelalters durchaus nicht überall und für alle Lebensbereiche als Erleichterung empfunden. Ganz im Gegenteil: Zwischen der öffentlich gemessenen und durch den Schlag des Uhrwerks kundgetanen Zeit der gleichlangen Stunden einerseits und der fortgeltenden Zeiteinteilung durch ungleiche Stunden andererseits bestand ein Konkurrenzverhältnis, das bis weit in die Neuzeit hinein bestimmend blieb.

Unterteilungen der Stunden zu definieren hatte im Mittelalter kaum einen praktischen Nutzen. Zwar wurden theoretische Überlegungen darüber angestellt, wie klein das kleinste denkbare Partikel der Zeit sein könne, aber praktische Bedeutung hatten diese Überlegungen nicht. Sie führten meist dazu, die Stunden in vierzig Teile („momenta") zu teilen, jedes „momentum" wiederum in 12 „unciae" und jede „uncia" in 45 Atome zu jeweils einer sechstel Sekunde moderner Rechnung. Daß diese Einteilungen willkürlich waren, auf menschlicher Übereinkunft, nicht auf naturgegebener Notwendigkeit beruhten, daß sie vor allem von praktischer Bedeutung in einer Gesellschaft gar nicht sein konnten, die derart genaue Möglichkeiten der Zeitmessung nicht besaß: das machte die Unterteilung der Stunden im Mittelalter weitgehend zu einer Denkoperation von Theoretikern.

Wie wurden die Tage bezeichnet? Die verbreitetste Bezeichnung des einzelnen Tages fand sich zunächst im römischen Kalender. Er wurde, mit all seinen Problemen und Schwierigkeiten, im mittelalterlichen Abendland übernommen. Die Rechnung nach Tagen vor den Kalenden, Nonen oder Iden eines Monats war zwar nicht sonderlich einfach, wurde aber weiterpraktiziert. Daß sie schwierig war, war auch den mittelalterlichen Kalenderpraktikern bekannt und führte zu zahlreichen Fehlern. Besonders das Rückwärtszählen der Tage in der jeweils zweiten Monatshälfte auf den Ersten des Folgemonats („Kalenden") war eine ständige Fehlerquelle. Die Kaiserkrönung Karls des Großen am 25. Dezember 800 wäre nach dem römischen Kalender korrekt zu setzen auf „den achten Tag vor den Kalenden des Januar des Jahres 801" (VIII. kl. Ianuarii 801).

So setzte sich im praktischen Gebrauch im Laufe des späten Mittelalters, vor allem des 13./14. Jahrhunderts, mehr und mehr die Datierung nach dem Kirchenjahreskalender oder nach dem Heiligenkalender durch. Konkret bedeutet das zunächst, daß Tage durch den Hauptheiligen bezeichnet wurden, dessen Gedenken am jeweiligen Tag gefeiert wurde. Solche Tage wurden vielfach geradezu sprichwörtlich: Der Martinstag – am 11. November in Erinnerung an den Heiligen Martin von Tours begangen – oder der Johannistag – am 24. Juni als Tag der Geburt Johannes' des Täufers gefeiert – sind zwei dieser besonders weit verbreiteten und allgemein bekannten Tage im Jahr, mit denen Volksglaube (Martinsgans) oder bäuerlicher Alltag (Ende des Spargelstechens) zusammenhängen.

Die genaue Verteilung der Heiligentage über das Jahr zu kennen war also vor allem im späten Mittelalter für Datierungen unerläßlich. Nun war diese Kenntnis einerseits verbreiteter als heute, weil die Tagesheiligen im religiösen Leben eine weitaus größere Rolle spielten. Zum anderen aber war es dennoch schwierig, die präzise Reihenfolge der Heiligentage genau im Kopf zu behalten. Dafür bediente man sich des Cisiojanus, eines heute kompliziert erscheinenden Merkgedichts aus 24 Versen, je zweien für einen Monat, das aus einer scheinbar sinnlosen Folge von Abkürzungen der jeweiligen Heiligentage bestand. Die beiden Verse für den Monat November, ebenso unübersetzbar wie alle anderen, sollen das Prinzip veranschaulichen:

„Omne Novembre Leo Qua Theo Martin Bricciique
Post haec Elisa Ce Cle Crys Katharina Sat An."

Omne = Omnium Sanctorum (1. 11.), Leo = Leonhardi (6. 11.), Qua = Quatuor coronatorum (8. 11.), Theo = Theodori (9. 11.), Martin = Martini (11. 11.), Bricciique = und Brictii (13. 11.); Post haec = danach, Elisa = Elisabethae (19. 11.), Ce = Cecilie (22. 11.), Cle = Clementis (23. 11.), Crys = Chrysogoni (24. 11.), Katharina (25. 11.), Sat = Saturnini (29. 11.), An = Andree (30. 11.).

Für den, der sich der Mühe unterzog, diese Verse zu lernen, war das Grundgerüst des Heiligenkalenders für das gesamte Jahr damit gegeben. Daten zwischen diesen Tagen wurden als „Tage vor oder nach dem Heiligenfest X", als „Montag/Dienstag usw. vor oder nach dem Heiligenfest X", unter Umständen auch als „8. Tag nach dem Heiligenfest X" bezeichnet, so daß es praktisch gelang, mit Hilfe des jeweiligen Tagesheiligen oder durch den Bezug auf ein im Kalender benachbartes Heiligenfest jedes Tagesdatum eindeutig zu bezeichnen.

Schwieriger wurde die Bezeichnung nach dem Kalender des Kirchenjahres, in dem bewegliche Feste vorherrschen. Selbstverständlich wurde auch dieser Kalender zu Datierungen benutzt, aber es war klar, daß ein Datum, das in zwei aufeinanderfolgenden Jahren mit demselben Termin im Kirchenjahr bezeichnet wurde, etwa als Palmsonntag, auf zwei sehr unterschiedliche Kalendertage fiel. Der Palmsonntag des Jahres 999 wurde am 2. April begangen, der der fünf darauffolgenden Kalenderjahre am 24. März, 6. April, 29. März, 21. März und 9. April. So bedeutete die Benutzung des Kirchenjahreskalenders zwar eine eindeutige Fixierung eines Tages im Laufe eines bestimmten Jahres, sie galt aber nicht für die jeweils folgenden Jahre.

Wie die Bezeichnung des einzelnen Tages, so veränderte sich auch die Wochentagsbezeichnung im Laufe des Mittelalters. Freilich griff man hier nicht auf das römische Vorbild zurück, denn die Römer kannten die siebentägige Woche nicht, sondern das christliche Abendland lehnte sich an die aus Ägypten stammende Siebentageeinheit an. Die Bezeichnung der Tage innerhalb dieses Zyklus war am einfachsten dadurch eindeutig herzustellen, daß man die Einzeltage von 1 bis 7 durchnumerierte. Im Lateinischen, der üblichen Kalendersprache bis weit in das späte Mittelalter hinein, bedeutete dies, die Tage („feriae") mit römischen Ziffern zu versehen: Feria I meinte den Sonntag, feria VI den Freitag, feria VII den Sonnabend. Freilich wurde unter den Wochentagen allem Anschein nach bereits im frühen Mittelalter der erste Tag als „Tag des Herrn" (dies dominica) auch in der Bezeichnung besonders herausgehoben.

Konkurrierend damit wurden die Wochentage nach Planeten bezeichnet, die seit ägyptischer Zeit als Herrscher über einzelne Tage angesehen wurden. Die Planeten – einschließlich des Mondes – wurden dabei in der groben Folge der für richtig gehaltenen Umlaufzeiten geordnet und einzelnen Wochentagen so zugeordnet: Sonntag – Sonne, Montag – Mond, Dienstag – Mars, Mittwoch – Merkur, Donnerstag – Jupiter, Freitag – Venus und Sonnabend – Saturn. Daraus ergab sich im Lateinischen folgende Reihe der Wochentage: Sonntag – *dies solis*, Montag – *dies lunae*, Dienstag – *dies Martis*, Mittwoch – *dies Mercurii*, Donnerstag – *dies Iovis*, Freitag – *dies Veneris*, Sonnabend – *dies Saturni*. Diese lateinischen Bezeichnungen haben sich teilweise bis heute in europäischen Sprachen gehalten, etwa im französischen *lundi* für Montag oder im englischen *saturday* für den Sonnabend.

Eine dritte Möglichkeit der Bezeichnung der Wochentage ist diejenige mit den Namen germanischer Götter. Sie ist bis heute im Deutschen und Englischen nachweisbar: Der Dienstag, engl. *tuesday*, heißt nach dem germanischen Gott Thiu (= Zeus), der englische *wednesday* (Mittwoch) geht auf Wotan zurück, der Donnerstag wird nach Donar/Thor benannt. So ist die unterschiedliche Bezeichnung der Wochentage geradezu ein Paradebeispiel dafür, wie sehr das Mittelalter christliche, römisch-antike und germanische Elemente in seiner Zeitrechnung so ineinander vermischte, daß die unterschiedlichen Quellen der Bezeichnungen im Laufe der Jahrhunderte voneinander kaum noch unterscheidbar sind.

e. Die Grundelemente der christlichen Zeitrechnung: Monat und Jahr

Die Monate und ihre Längen waren durch den Julianischen Kalender festgelegt worden. An dieser Festlegung änderte sich im Mittelalter nichts. Im Prinzip wechselten sich – abgesehen vom Februar mit 28 bzw. 29 Tagen – 31- und 30tägige Monate ab, jedoch ergab sich durch einen Sprung innerhalb dieses Systems vom Juli zum August eine unlogisch erscheinende

Folge. Ob sie auch schon im Mittelalter an den Knöchelchen der Fingerwurzeln abgezählt worden ist, wie das Schulkinder des 20. Jahrhunderts lernten, ist ungewiß, aber es liegt auf der Hand, daß solche nicht unbedingt sofort einsichtigen Zahlenfolgen nach Eselsbrücken verlangen, um sie sich einzuprägen.

Unverändert blieb gegenüber dem Julianischen Kalender in der von Augustus verbesserten Version auch die Bezeichnung der Monate. Allerdings hat es häufiger Versuche gegeben, diese lateinischen Monatsnamen, die in den sich entwickelnden germanischen und romanischen Volkssprachen ein wenig als Fremdkörper gewirkt haben mögen, durch Namen dieser Volkssprachen zu ersetzen. Diese Versuche sind im Germanisch-Deutschen, in slawischen Sprachen und im Angelsächsischen überliefert.

Einer der bekanntesten Versuche in dieser Richtung wird Kaiser Karl dem Großen († 814) zugeschrieben. Er wollte an die Stelle der geläufigen Reihe von Monatsnamen folgende althochdeutsche Namen setzen lassen: Januar = Wintarmanoth („Wintermonat"), Februar = Hornung (wohl „der Bastard", also der nicht vollwertige, weil zu kurze Monat), März = Lentzinmanoth („Frühlingsmonat"), April = Ostarmanoth („Ostermonat"), Mai = Winnemanoth („Weidemonat", das spätere „Wonnemonat" ist ein volksetymologisches Mißverständnis), Juni = Brachmanoth („Brachmonat"), Juli = Heuuimanoth („Heumonat"), August = Aranmanoth („Erntemonat"), September = Witumanoth („Gewittermonat"), Oktober = Windumemanoth („Windmonat"), November = Herbistmanoth („Herbstmonat") und Dezember = Heilagmanoth („Heiligmonat").

Zwar hatte Karl der Große mit diesem Plan, wenn er ihn denn überhaupt verfolgt haben sollte, insgesamt wenig Erfolg, aber das Fortleben einzelner dieser Monatsbezeichnungen vor allem im süddeutsch-österreichischen Raum zeigt doch, daß er mit seinem Vorhaben in der Sprachentwicklung angelegte und zu seiner Zeit wohl schon regional praktizierte Monatsnamen aufgriff. Gescheitert ist er also bei ihrer allgemeinen Durchsetzung im Frankenreich, nicht aber bei der Beobachtung, daß es neben den lateinischen Monatsnamen schon im frühen Mittelalter verbreitete germanische bzw. volkssprachige Bezeichnungen gegeben hat.

Mit den Monaten hängt in gewisser Weise auch die Wanderung von Sonne, Mond und Planeten durch die Sternbilder bzw. Tierkreiszeichen des Nachthimmels zusammen. Schon in altorientalischer Zeit hatte man den Sonnenlauf des Jahres in zwölf Teile eingeteilt, die einerseits nach dem Umlauf des Mondes (als Monate), andererseits eben nach der Position von Sonne und Mond in der Ekliptik bezeichnet wurden. Der Wechsel von einem Tierkreiszeichen in das nächste lag jeweils kurz nach der Mitte des Kalendermonats, wich aber von den heute gültigen Tagen ab. Bis in das 15. Jahrhundert galten meist folgende Daten:

Wassermann	18. Januar	heute: 21. Januar
Fische	16. Februar	heute: 20. Februar
Widder	18. März	heute: 21. März
Stier	17. April	heute: 21. April
Zwillinge	18. Mai	heute: 21. Mai
Krebs	17. Juni	heute: 22. Juni
Löwe	18. Juli	heute: 23. Juli
Jungfrau	18. August	heute: 23. August
Waage	17. September	heute: 23. September
Skorpion	18. Oktober	heute: 23. Oktober
Schütze	17. November	heute: 22. November
Steinbock	18. Dezember	heute: 22. Dezember

Von praktischer Bedeutung waren diese Tierkreiszeichen nur selten. Bestenfalls gelegentlich wurde der Eintritt in ein neues Sternzeichen zur Datierung verwendet. Mehr noch spielten die Sternzeichen zur Charakterisierung einzelner Monate durch die sog. Sternbildverse eine Rolle. Dazu benutzte man Verse aus der 9. Ekloge des spätrömischen Dichters Ausonius († 393/394), in denen für jeden Monat das jeweils beginnende Tierkreiszeichen genannt wurde. Diese Verse, sonst ohne jede praktische Bedeutung, wurden oftmals in Kalenderhandschriften den jeweiligen Monatskalendern vorangestellt.

Die Grundeinheit allen menschlichen Nachdenkens über den Zeitablauf stellte im Mittelalter offensichtlich das Jahr dar. Mit dem Julianischen Kalender hatte das Sonnenjahr auch für das christliche Abendland die wesentliche Bedeutung gewonnen, während das Mondjahr praktisch bedeutungslos war: Die Monate waren zu reinen Recheneinheiten geworden, die sich nicht mehr an den Mondumläufen orientierten, und folglich hatte der Monatsbeginn mit einer bestimmten Mondphase auch nichts mehr zu tun.

Das Jahr wurde in vier Jahreszeiten eingeteilt, deren Anfangstermine allerdings schwankten. In der römischen Antike hatte man als Datum für die Tagundnachtgleichen im Frühjahr und Herbst sowie für den jeweils höchsten bzw. tiefsten Mittagsstand der Sonne im Sommer bzw. Winter den 25. März, den 24. Juni, den 24. September und den 25. Dezember angenommen. Diese Daten galten auch im Mittelalter, allerdings standen ihnen landläufig ebenso verwendete andere Daten für den Jahreszeitenbeginn gegenüber, die von den eigentlich astronomisch begründeten römischen Daten abwichen und sich im wesentlichen aus der Naturbeobachtung begründeten. So findet sich in mittelalterlichen Kalendern der Frühjahrsanfang auch zu verschiedenen Daten vermerkt, etwa zum 2. Februar (Mariä Lichtmeß) oder zum 22. Februar (Cathedra Petri), der Sommeranfang schon zum 1. Mai oder nach den heute noch bekannten Eisheiligen (11.–13. Mai), der Herbstanfang zum 15. August (Mariä Himmelfahrt) oder zum 24. August (Bartholomäi), der Winteranfang schließlich zum 11. November (Martini), 19. November (Elisabeth) oder 23. November (Clemens).

Kennzeichnend für alle diese Datierungen ist der Versuch, den Beginn der Jahreszeiten mit christlichen Festen in Verbindung zu bringen. Das galt auch und insbesondere für die astronomischen Daten, die man aus der Antike übernommen hatte: Der 25. März galt als der Tag der Passion Christi, gelegentlich auch als der seiner Auferstehung, der 24. Juni war der Geburtstag Johannis des Täufers, der 24. September der Tag seiner Empfängnis, der 25. Dezember war der Geburtstag

Jesu Christi. An diesen Interpretationen an sich nicht christlich begründeter Daten wird der Versuch deutlich, astronomische Daten in das christliche Weltbild zu integrieren und ihnen dadurch eine heilsgeschichtliche Überhöhung zu verleihen, daß man die astronomischen Daten mit besonderen Botschaften des christlichen Glaubens verbindet und sie gewissermaßen im Nachhinein christlich rechtfertigt.

Wenn Kalender im allgemeinen eher als Erzeugnisse einer Elitekultur anzusehen sind, wofür es aus den verschiedensten Kulturen zu allen Zeiten Hinweise gibt, dann ist dieser Versuch des Christentums, astronomische Daten in das Glaubensgeschehen zu integrieren, sicherlich einer der gelungensten Versuche überhaupt, dem Verständnis des Kalenders einen Platz im alltäglichen Leben der Bevölkerung zuzuweisen. Wer als Christ lebte und die großen Feiertage des Christentums feierte, der wußte, daß sich die Astronomie mit dem Christentum im Einklang befand. Konnte es denn wirklich ein Zufall sein, daß Christus just an dem Tag geboren wurde, an dem die Sonne am tiefsten stand und sich nun wieder auf den Weg hoch an den Himmel machte?

Ein Kennzeichen des mittelalterlichen Kalenders ist auch, daß der Beginn des Jahres meist nicht, wie im Julianischen Kalender, mit dem 1. Januar erfolgt. Statt dessen wurden zu unterschiedlichen Zeiten und in unterschiedlichen Regionen, teils miteinander in Konkurrenz, nicht weniger als sechs verschiedene Jahresanfänge benutzt, die man seit dem Mittelalter auch als verschiedene „Stile“ bezeichnet:

1. Der wohl verbreitetste Jahresanfang im Mittelalter wurde mit dem Weihnachtsfest angenommen (25. Dezember). Das Geburtsfest Christi galt seit den Zeiten des Abtes Dionysius Exiguus, der um 525 nach „Jahren nach Christi Geburt“ zu rechnen vorgeschlagen hatte, als wesentlicher Einschnitt nicht nur der Geschichte, sondern auch für die Kalenderpraxis. Seit karolingischer Zeit galt dieser Jahresanfang zunächst für die herrscherlichen Kanzleien, dann aber allgemein und mit nur geringen Ausnahmen im Frankenreich und im ostfränkisch-deutschen Bereich, einschließlich des angrenzenden

christlichen Ostmitteleuropa, während er sich im europäischen Westen (Frankreich, England) nur bis 987 bzw. 1066 behaupten konnte oder überhaupt erst später eingeführt wurde (spanische Königreiche, Portugal). In Italien hielt sich der Norden („Reichsitalien“) ebenfalls an den Weihnachtsstil, und auch die päpstliche Kanzlei verwendete ihn bis 1086.

2. Der zweithäufigste Jahresanfang war der zum Tag Mariä Verkündigung (25. März), der Annunziationsstil. In gewisser Beziehung geht auch dieser Jahresanfang von der Fleischwerdung Christi aus, nur setzt er sie nicht mit Christi Geburt an, sondern mit der Maria zuteilwerdenden Verkündigung der bevorstehenden Geburt. Konsequenterweise mußte dieser Jahresanfang deswegen auch neun Monate vor dem Weihnachtsfest liegen. Da sich dieser Gebrauch des Jahresanfangs allem Anschein nach von der italienischen Stadt Pisa verbreitete, wurde er auch als „calculus Pisanus“, als Pisaner Rechenweise bezeichnet. In dieser Form benutzten ihn auch einige weitere italienische Kommunen, daneben die Papstkanzlei zwischen 1088 und 1143 sowie vor allem die Kanzlei der französischen Kapetinger.

Eine Abart des Annunziationsstils ist der Jahresanfang am 25. März nach (!) dem Weihnachtsfest, nach seiner Anwendung von Florenz aus als „calculus Florentinus“ bezeichnet. Zwar war mit diesem Jahresanfang nach Christi Geburt der eigentlich dahinterstehende theologische Sinn entstellt, aber dennoch erfreute sich dieser Jahresanfang erheblicher Beliebtheit u.a. in Italien, in der päpstlichen Kanzlei (1059–1088, 1143–1216, 1243–1280 und seit 1417), im Westen Deutschlands in der Erzdiözese Trier (seit 1137) sowie in England (seit 1155).

3. Wie die bereits genannten Jahresanfänge, so begründet sich auch der Paschalstil, also der Jahresanfang mit dem Osterfest, im Kern aus der christlichen Theologie: Das Jahr beginnt nach dieser Vorstellung mit der zentralen Glaubenswahrheit des Christentums überhaupt, mit der Wiederauferstehung Christi am dritten Tage nach seinem Kreuzestod am Karfreitag. In verschiedenen Gegenden Frankreichs sehr ver-

breitet und auch im Gebiet des Erzbistums Köln praktiziert, hatte dieser Jahresbeginn allerdings eine erhebliche praktische Schwäche: Die Jahre konnten in ihrer Länge erheblich differieren, je nach dem Datum, an dem Ostern begangen wurde. Folgte auf ein besonders spätes Osterfest im folgenden Jahre ein besonders frühes, so konnte die Jahreslänge im Extrem um mehr als einen Monat schwanken. Ein Beispiel: Der Ostersonntag des Jahres 1014 fiel auf den 25. April, der des Jahres 1015 auf den 10. April; dazwischen lagen gerade eben noch 350 Tage. Umgekehrt lag der Ostersonntag 1016 auf dem 1. April, 1017 auf dem 21. April, woraus sich eine Jahreslänge von 385 Tagen ergab. Es liegt auf der Hand, daß solch unterschiedliche Jahreslängen praktisch höchst ungeeignet waren, gleichgültig, ob man an Dinge wie Abgaben oder Zinsen denkt, oder ob man sich auch in landwirtschaftlichen Angelegenheiten am Jahresbeginn orientieren wollte.

4. Der heute allgemein übliche Jahresanfang am 1. Januar spielte in der mittelalterlichen Zeitrechnung und im mittelalterlichen Denken keine herausragende Rolle. Zwar war er aus dem Julianischen Kalender römischer Zeit bekannt und hatte dadurch alle Chancen, gemeinsam mit diesem römischen Kalender auch angenommen und weiterbenutzt zu werden, jedoch stand er mit den theologisch ungleich besser begründeten Jahresanfängen zu Weihnachten, zu Mariae Verkündigung oder zu Ostern immer in Konkurrenz. Im Jahre 567 wurde dann schließlich in Tours sogar eine Konzilsentscheidung herbeigeführt, die diesen Kalenderanfang ausdrücklich als unchristlich verbot. Erst im späten Mittelalter erreichte er in einigen deutschen Gebieten wieder eine gewisse Bedeutung, vorher schon in den spanischen Königreichen und in Portugal sowie zeitweise in England.

5./6. Von noch geringerer Bedeutung waren Jahresanfänge am 1. März, praktiziert u.a. in merowingischer Zeit sowie bis 1797 von der Republik Venedig, und am 1. September (Byzantinisches Reich, Sizilien seit dem 13. Jahrhundert).

f. Mond- und Sonnenzyklen, Epakten, Concurrenten, Regularen, Claves Terminorum

Natürlich war es auch den mittelalterlichen Kalenderrechnern nicht verborgen geblieben, daß die Länge des Sonnenjahres, das für das Kalenderjahr grundlegend war, und des Mondjahres, nach dem das Osterfest berechnet wurde, nicht miteinander kompatibel waren. Eigene Lösungsvorschläge für dieses Problem waren aus zweierlei Gründen nötig: Zum einen kam der astronomisch genauen Berechnung des Ostervollmondes erhebliche Bedeutung zu, und dies vor allem im Sinne der Vorausberechenbarkeit. Man mußte wissen, wann Ostern zu feiern sein würde, mußte also den Kalender mindestens auf mittlere Frist vorausberechnen können. Zum anderen galt es, in die prinzipielle Wiederkehr von gleichem Sonnenstand und gleichem Kalenderdatum einerseits sowie unterschiedlich wechselnden Mondphasen andererseits ein gewisses System zu bringen. Die Lösung lag in zwei Zyklen, die beide das Ziel verfolgten, diese Erscheinungen nachvollziehbar zu machen und systematisch vorausberechenbar werden zu lassen: dem Mondzyklus und dem Sonnenzyklus.

Der Sonnenzyklus diente zunächst der Beantwortung der Frage, auf welchen Wochentag ein bestimmtes Kalenderdatum fallen würde. Diese Frage war im Grundsatz relativ einfach zu beantworten. Ein normales Jahr umfaßt 52 Wochen (zu je 7 Tagen) + 1 Tag = 365 Tage. Das hieße also, daß nach jeweils sieben Jahren die Kalenderdaten wieder auf denselben Wochentag fallen müßten. Kompliziert wird diese Berechnung aber durch die Schaltjahre, die in jedem vierten Jahr eingeschoben werden. Sie bringen es mit sich, daß gleiche Kalenderdaten mit gleichen Wochentagen in einem Zyklus von 7 × 4 = 28 Jahren wiederkehren. So war der 1. Januar im 20. Jahrhundert in folgenden Jahren ein Sonntag: 1911 + 28 = 1939 + 28 = 1967 + 28 = 1995, außerdem 1922 + 28 = 1950 + 28 = 1978, und schließlich 1933 + 28 = 1961 + 28 = 1989.

Der Beginn des ersten Sonnenzyklus wurde im christlichen Abendland willkürlich auf das Jahr 9 v. Chr. festgelegt. Die Stellung eines jeden Kalenderjahres im jeweils laufenden Sonnenzyklus wird also berechnet, indem man zur Jahreszahl 9 addiert, die Summe durch 28 dividiert und im sogenannten Rest dann das gewünschte Ergebnis erhält.

Die Beobachtung des Sonnenzyklus setzte man im Mittelalter in den sogenannten Sonntagsbuchstaben („Littera dominica“ oder „Littera kalendarum“) um. Sie gaben an, auf welchen Tag der erste Sonntag eines jeden Kalenderjahres fiel. Wußte man dieses, so konnte man mit einiger Mühe auch die Wochentage jedes weiteres Datums im Kalenderjahr berechnen. Die Sonntagsbuchstaben rechneten vom 1. Januar = A über den 2. Januar = B bis zum 7. Januar = G. Ein Jahr mit dem Sonntagsbuchstaben E war also eines, dessen erster Sonntag auf den 5. Januar fiel. Nur in Schaltjahren war diese Berechnung etwas schwieriger: Schaltjahre besaßen einen ersten Sonntagsbuchstaben für die Zeit bis zum Schalttag am 24. Februar, einen zweiten, um eine Einheit niedrigeren Sonntagsbuchstaben für die Zeit ab dem 25. Februar.

Neben dem 28jährigen Sonnenzyklus und den Sonntagsbuchstaben stand der Mondzyklus. Der Athener Meton (siehe S. 30) hatte 432 v. Chr. bereits beobachtet und im einzelnen begründet, daß der Mond alle 19 Jahre mit seinen Umläufen wieder einigermaßen präzise dem gleichen Sonnenstand im Sonnenjahr entsprach. Die Frage aber, wann der für die Osterfestberechnung entscheidende Frühlingsvollmond welches Kalenderdatum des Sonnenjahres erreichte, war für die Christen schlechthin von entscheidender Wichtigkeit.

Man übertrug folglich die Berechnungen Metons in das Mittelalter und bezeichnete die einzelnen Kalenderjahre innerhalb dieses 19jährigen Zyklus („cyclus decemnovennalis“) jeweils mit einer Goldenen Zahl oder Mondzahl, die folglich von 1 bis 19 reichen konnte. Da der Beginn der Mondzyklen im Jahre 1 v. Chr. angenommen wurde, ergibt sich die Goldene Zahl aus der Division der um 1 vermehrten Jahreszahl durch 19 im jeweiligen Rest.

Wie Sonnenzyklus und Mondzyklus, so dienten auch andere Methoden der jeweiligen Stellung eines Jahres innerhalb größerer Zyklen der Jahreskennzeichnung. Unter den zahlreichen Kennzeichnungen dieser Art, die oftmals redundant nebeneinander stehen und nicht weniger oft stark fehlerdurchsetzt verwendet wurden, sind hervorzuheben: die Epakten, die Concurrenten, die Osterregularen und die Claves Terminorum („Osterschlüssel“). Das gemeinsame Ziel dieser Berechnungsmethoden ist entweder die Ermittlung des Wochentages eines bestimmten Kalenderdatums oder die Beziehung zwischen Ostern und einem bestimmten Kalenderdatum. Kompliziert, wie diese Berechnungen im Alltag waren, so dienten sie in den zahllosen mittelalterlichen Kalendern und theoretischen Anleitungen zum Anfertigen von Kalendern doch immer wieder als Beispiele für die möglichst anzustrebende Genauigkeit bei der Vorausberechnung des Ablaufes der Zeit und für die Orientierung des Menschen innerhalb dieses Zeitablaufes.

Die Epakten (griechisch: „die Hinzugesetzten“) geben meist für den 22. März das Mondalter an. Sie beantworten also die Frage, an welchem Tag seines Umlaufes, in welcher Phase sich der Mond am 22. März befindet. Da das Mondjahr vom Sonnenjahr um 11 Tage abweicht und kürzer ist, befindet sich der Mond jedes Jahr 11 Tage weiter in seinem Zyklus. Hat er in einem beliebigen Kalenderjahr an einem bestimmten Tag gerade den Neumond erreicht, so ist er im Jahr darauf im 11. Tag seines Umlaufes, im zweiten Jahr im 22. Tag seines Umlaufes und wäre im dritten Jahr im 33. Tag seines Umlaufes, wenn der Umlauf nicht insgesamt nur (knapp) 30 Tage dauerte. Deswegen befindet er sich im dritten Jahr dieses Beispiels folglich im 33.–30. = 3. Tag seines Umlaufes.

Da es sich bei den Epakten und der bereits genannten Goldenen Zahl um Angaben handelt, die den Mondzyklus und das Mondalter betreffen, stehen beide Größen in einer festen Beziehung zueinander.

Goldene Zahl	1	Epakte	0
	2		11
	3		22
	4		3
	5		14
	6		25
	7		6
	8		17
	9		28
	10		9
	11		20
	12		1
	13		12
	14		23
	15		4
	16		15
	17		26
	18		7
	19		18

Die Epakte kann für jedes Kalenderjahr auch errechnet werden: Die Jahreszahl wird durch 19 (Mondzyklus) dividiert, der entstehende Rest mit 11 (Differenz Sonnenjahr : Mondjahr) multipliziert, das Ergebnis wieder durch 30 (Länge des Mondmonats) dividiert, und der entstehende Rest gibt die Epakte an.

2001 : 19 = 105 Rest 6 → 6 × 11 = 66 → 66 : 30 = 2 Rest 6
→ Das Jahr 2001 hat die Epakte 6.

Die Concurrenten, gelegentlich auch mißverständlich als Sonnenepakten bezeichnet, verfolgen wie die Sonntagsbuchstaben das Ziel, den Wochentag eines bestimmten Kalenderdatums anzugeben. Während die Sonntagsbuchstaben das für den 1. Januar leisten, beziehen sich die Concurrenten auf den 24. März. Folglich entsprechen sich Concurrenten und Sonntagsbuchstaben auch schematisch:

Concurrenten	1	2	3	4	5	6	7
Sonntagsbuchstabe	F	G	A	B	C	D	E

In Schaltjahren verschiebt sich diese Entsprechung so, daß der Sonntagsbuchstabe jeweils um eine Einheit niedriger ist.

Die Osterregularen sollen mit Hilfe einer wirklich komplizierten, im Ergebnis aber relativ sinnvollen Rechenoperation ermitteln helfen, wie groß der Abstand in Wochentagen vom 24. März bis zum Ostervollmond (Ostergrenze, „luna XIV") ist. Es kommt dabei also nicht auf den tatsächlichen Zeitabstand an, sondern auch die Osterregularen sollen vorwiegend die Frage beantworten helfen, an welchem Wochentag der Ostervollmond eintritt, und dadurch die Ableitung erlauben, auf welches Datum Ostern fällt. Die Osterregularen werden zur Concurrente eines jeden Jahres addiert und ergeben dann den Wochentag des jeweiligen Ostervollmondes.

Da die Osterregularen wiederum, wie schon die Epakten, das Mondalter betreffen, stehen auch die Osterregularen in einer festen Beziehung zu den Goldenen Zahlen:

Osterregularen	5	Goldene Zahlen	1
	1		2
	6		3
	2		4
	5		5
	3		6
	6		7
	4		8
	7		9
	3		10
	1		11
	4		12
	7		13
	5		14
	1		15
	4		16
	2		17
	5		18
	3		19

Die Berechnung dieser Angaben ist im Detail derart verwikkelt, daß sie bereits mittelalterlichen Kalenderpraktikern erhebliche Schwierigkeiten bereitete. Deswegen wurden die Angaben meist nicht selbsttätig errechnet, sondern aus festen Tabellen abgeleitet.

In der Sache dasselbe wie die Osterregularen, dienen auch die Claves Terminorum (auch „Claves Paschae“, Osterschlüssel) der Feststellung der Differenz eines festen Kalenderdatums, in diesem Fall des 11. März, vom Ostervollmond, nach dem dann am kommenden Sonntag Ostern zu feiern war. Auch dies wurde eher nachgeschlagen als eigenständig berechnet, und zwar nach folgender Tabelle.

Claves terminorum		Goldene Zahlen	
	26		1
	15		2
	34		3
	23		4
	12		5
	31		6
	20		7
	39		8
	28		9
	17		10
	36		11
	25		12
	14		13
	33		14
	22		15
	11		16
	30		17
	19		18
	38		19

Diese Berechnungen, komplex und schon den Zeitgenossen gelegentlich allem Anschein nach undurchsichtig, verfolgten durchweg ein Ziel: Auf verschiedensten Wegen und mit verschiedensten Methoden, die einander ergänzten und gegenseitig kontrollierten, wollte man sicherstellen, daß Ostern als das höchste Fest der Christenheit am richtigen Termin begangen werden konnte und daß dieser Termin mittelfristig vorauszuberechnen war. Zu Zeiten, als noch von Alexandria aus den wenigen frühchristlichen Gemeinden der jeweils errechnete Ostertermin brieflich mitgeteilt worden war, hatte sich dieses Problem nicht gestellt; nun, da solche Möglichkeiten der Unterrichtung nicht mehr praktikabel waren und ohnedies der notwendigen Planbarkeit im voraus nicht mehr entsprachen, wurden stets verfeinerte Berechnungsmethoden an die Stelle der einfach begründungslos mitgeteilten Entscheidung gesetzt.

Die Quellen dieser unterschiedlichen Methoden sind bisher noch kaum erforscht. Die Vielzahl einander im Grundsatz sehr ähnlicher und nur in den Bezugsgrößen unterschiedlicher Methoden aber speist die Vermutung, daß diese Methoden teils aus dem Ostmittelmeerraum, teils aus dem christlichen Europa stammen. In ihrer Vielzahl treffen sich also aus der Antike übernommene Berechnungen mit solchen mittelalterlichen Ursprungs, womöglich aus dem spätantiken bzw. frühmittelalterlichen Rom oder aus iroschottischer Umgebung. Dies im einzelnen zu verfolgen muß allerdings künftiger Forschung vorbehalten bleiben.

g. Die Jahreszählung

Ganz selbstverständlich ist bisher von „Jahren nach Christi Geburt“ die Rede gewesen; es wird nun zu zeigen sein, daß diese Jahreszählung auf eine mittelalterliche Erfindung zurückgeht. Mehr noch gilt das, wie gleichfalls zu zeigen sein wird, für die so unproblematisch wirkende Bezeichnung von „Jahren vor Christi Geburt“. Worum geht es?

Wenn man ein Jahr hinreichend präzise und individuell kennzeichnen will, liegt uns Zeitgenossen des 20. und 21. Jahrhunderts die einfache Durchzählung der Jahre geistig am nächsten. Von einem Ausgangspunkt aus, den wir üblicherweise mit der (vermeintlich präzise ermittelbaren) Geburt Christi ansetzen, werden die Jahre einzeln und aufeinander folgend durchgezählt, in unserem modernen Falle jeweils beginnend mit dem Jahresanfang am Neujahrstag, dem 1. Januar. Diese offensichtlich recht rationale Methode ist relativ modernen Ursprungs, jedenfalls gemessen an einer Vielzahl von früheren Jahresbezeichnungen und Jahreszählungen, von denen bereits in früheren Kapiteln dieses Bandes die Rede war.

So herrschten in den Kulturen des Zweistromlandes ebenso wie in Ägypten, in Griechenland oder im Rom der Könige und der Republik statt dessen Jahresbezeichnungen vor, die sich von den jeweiligen Amtsträgern ableiteten. Das x-te Jahr des Pharaos A, der Archonten B und C, der Konsuln D und E, so mochten solcherlei Jahresbezeichnungen lauten, die man als Eponymenjahre (Amtsträgerjahre) bezeichnet. Im praktischen Gebrauch hatten diese Jahresbezeichnungen allerdings ihre Probleme. Gerade bei den häufig wechselnden Amtsträgern etwa der römischen Republik war es durchaus schwierig, sich die Aufeinanderfolge beispielsweise der Jahre auch nur eines Jahrzehnts einschließlich der dazugehörenden Namen von Amtsträgern fehlerfrei einzuprägen. Wo also Jahresbezeichnungen auch dazu gebraucht werden sollten, sich eindeutig, unmißverständlich und über längere Zeiträume hinweg in der Zeit zu orientieren, da waren andere als Eponymenjahre erforderlich. Die Geburtsstunde der Durchzählung von Jahren fällt zwar nicht zusammen mit der Entdeckung der Geschichte als eines Gegenstandes menschlichen Nachdenkens, aber die durchlaufende Jahreszählung ist ein wichtiges Indiz für die erlebte Historizität menschlicher Existenz.

Von früheren Ansätzen, Jahre von bestimmten Ausgangspunkten an durchzuzählen, war bereits die Rede, so von der Seleukidenära (1. Oktober 312 v. Chr.) oder der Arsakidenära (248 v. Chr.?), beide in persischer Zeit praktiziert (siehe S. 22), von den Olympiaden der Griechen (siehe S. 35) oder der überwiegend literarisch benutzten Ära „ab urbe condita" (753 v. Chr.) der Römer (siehe S. 40). Auch andere Ären sind schon zur Sprache gekommen, etwa die jüdische Weltära (6. Oktober 3761 v. Chr.) (siehe S. 54) oder die der Mohammedaner (16. Juli 622 n. Chr.) (siehe S. 55).

Angesichts der Vielzahl dieser Beispiele, die sich ohne weiteres noch vermehren ließen, wundert es nicht, wenn sich auch im christlichen Europa Überlegungen darüber nachweisen lassen, in welchem Ereignis man mit Recht den wesentlichen Einschnitt der Geschichte sehen und damit die Jahreszählung beginnen lassen müsse.

Die Überlegungen nahmen ihren Ausgangspunkt von der Tatsache, daß im spätantiken Ägypten unter römischer Besatzung die Ära des Diokletian aufgekommen war, deren Fixpunkt der 29. August 284 n. Chr. war, in ägyptische Kalender umgesetzt: der 1. Thoth des Jahres 1 Kaiser Diokletians (284–305). Weit verbreitet in gehobenen Kreisen der Gesellschaft dieser römischen Provinz und damit auch in denjenigen Kreisen, in denen das Christentum verhältnismäßig schnell Fuß faßte, verbreitete sich diese Jahreszählung bald in den christlichen Gemeinden auch außerhalb Ägyptens.

Allerdings hatte die Ära Diokletians einen erheblichen Nachteil in den Augen bekennender Christen. Als Christenverfolger hatte dieser Kaiser, besonders in den Jahren 303–305, mit brutaler Härte und nachgerade drakonischer Strenge den Kampf gegen die verhaßte Glaubensminderheit betrieben und zahllose Christen zu Märtyrern werden lassen. Als „persecutor", als Verfolger der Anhänger christlichen Glaubens, wurde Diokletian deswegen schon seit den Zeiten Konstantins des Großen (312–337) bezeichnet, unter dessen Herrschaft das Christentum bekanntlich zu einer der gleichberechtigten Staatsreligionen erhoben wurde.

Nach einem solchen, dem Christentum gegenüber zutiefst feindlich eingestellten Herrscher vermochten Christen die Jahre der Weltgeschichte schlechterdings nicht zu zählen. So verbargen sie die eigentliche Bezugsgröße der Ära hinter dem Begriff „Märtyrerära", unter dem die Ära Diokletians seit dem 7. Jahrhundert im christlichen Europa weiter benutzt wurde und ihrer theologischen Anstößigkeit damit entkleidet schien.

Dies war der Ausgangspunkt der Überlegungen, die unauflöslich mit dem Namen des in Rom lebenden Dionysius Exiguus (um 470 – vor 556) verbunden sind. „Skythe" von Geburt, also aus der heute rumänischen Dobrudscha stammend, kam er nach 496 als Mönch in die Stadt Rom und wirkte dort als Lehrer, möglicherweise auch als Abt. Vor allem als Kirchenrechtler erwarb er sich Ansehen, nicht zuletzt aufgrund seiner Kenntnisse im Griechischen und im Lateinischen, die ihn zu einem wesentlichen Mittler zwischen beiden Sprachen und Kulturen werden ließen, aber vor allem wohl wegen seiner Fähigkeiten zu systematischer, klar nachvollziehbarer und damit praktikabler Anordnung und Durchdringung komplexer Probleme, wie sie schon das Kirchenrecht seiner Zeit in seiner Zwiespältigkeit stellte.

So war er ausgesprochen geeignet dafür, in den anhaltenden Auseinandersetzungen des Osterstreits Stellung zu beziehen; dies tat er in seinem *Liber de paschate* (Buch über Ostern, 525) und in anderen, kleineren Veröffentlichungen. In diesem Zusammenhang wandte er sich auch deutlich gegen die Ära des Diokletian und wurde dadurch zum eigentlichen Begründer einer christlichen Zeitrechnung. „Anni Domini nostri Jesu Christi", Jahre unseres Herrn Jesu Christi, sollten künftig gezählt werden. Als Jahre der Fleischwerdung des Herrn („Anni incarnationis Domini") wurden sie auch bezeichnet, und daraus entwickelte sich die Benennung als Inkarnationsära. Das Jahr 754 ab urbe condita sollte das erste dieser Jahre werden, das Jahr 532 n. Chr. sollte auf das Jahr 247 diokletianischer Ära folgen. Zur Begründung setzte Dionysius einen Satz hinzu, der diese Zählung begründete: „Noluimus circulis nostris memoriam impii et persecutoris innectere", wir wollten mit unseren Jahresläufen nicht die Erinnerung an einen Unfrommen und Verfolger verbinden. Damit war der Ausgangspunkt christlicher Zeitrechnung definiert und begründet, aber: „Es war nun keineswegs so, daß alle Welt oder auch nur die christliche Welt sich begeistert dieser Ära versicherte" (von den Brincken). Die allgemeine Anerkennung der Leistung des Dionysius Exiguus sollte noch Jahrhunderte auf sich warten lassen.

Das lag nicht einmal so sehr an der – wie man heute annimmt – irrtümlichen Fixierung der Geburt Christi auf den ersten Tag des Jahres 1. Ganz im Gegenteil: Im Grunde ist die Frage, ob Jesus wirklich zu diesem Zeitpunkt geboren worden ist oder früher oder später, für die Festlegung eines chronologischen Bezugspunktes verhältnismäßig gleichgültig. Daß heute von einem Geburtsjahr Jesu vor dem Jahre 4 v. Chr. ausgegangen werden muß, ändert an der Leistung des Dionysius und der Praktikabilität seines Vorschlages nicht das geringste.

Es waren eher die räumlich begrenzte Anerkennung und die gesamtkirchlich durchaus eingeschränkte Bedeutung jener Bischöfe von Rom, die zwar den Namen „Papst" bereits führten, mit den Päpsten späterer Jahrhunderte in dieser Hinsicht aber kaum etwas gemein hatten. Daß, so könnte man formulieren, im Umkreis eines Papstes namens Johannes I. (523–526) ein einzelner eine neue Zählung der Jahre vorschlug, war das eine; ob der Papst diese Zählung in der Kirche durchzusetzen vermochte, war das andere.

Allerdings hatte ein wesentlich bedeutenderer Papst als Johannes I., Gregor I. der Große (590–604), die Schriften des Dionysius Exiguus offenkundig intensiv studiert, war auf dessen Berechnungen gestoßen und hatte sie einem Geistlichen empfohlen, den er 596 als Missionar nach Britannien sandte und der als Apostel Britanniens unter dem Namen Augustin von Canterbury († 26. Mai um 604/609) bekannt werden sollte. Im frühmittelalterlichen England nun, dessen politische Landschaft durch fünf mehr oder weniger gleichrangige Königreiche bestimmt wurde, bestand durchaus Bedarf an einer eindeutigen Jahreszählung, denn diejenige nach Jahren einzelner Könige war alles andere als eindeutig, und eine sonstige Weltära scheint in England nicht in Gebrauch gewesen zu sein.

Auf diesem Wege lernte auch der bedeutende Geschichtsschreiber, Chronologe, Theologe und Musiker Beda Venerabilis († 735), Mönch des northumbrischen Klosters Wearmouth-Jarrow, die Berechnungen des Dionysius kennen. In Bedas *Historia ecclesiastica gentis Anglorum*, Kirchengeschichte des Volkes der Engländer, findet sich die Zählung der Jahre nach Christi Geburt erstmals durchgehend angewendet, und mit diesem Werk, einem in ganz Europa weit verbreiteten Standardwerk frühmittelalterlicher Geschichtsschreibung, verbreitete sich diese Ära. Was Dionysius Exiguus im 6. Jahrhundert formulierte, setzte Beda Venerabilis Anfang des 8. Jahrhunderts praktisch um und sorgte damit für die Verbreitung dieser neuen Ära über ganz Europa.

Allerdings war es auch Beda, der erstmals konkret und ins einzelne gehend Kritik an der Ära des Dionysius übte. Auslöser für diese Kritik war Bedas Versuch, das Leben Jesu zeitlich zu rekonstruieren. Untereinander widersprüchliche Angaben der vier Evangelien ließen eine eindeutige Fixierung wesentlicher Daten der Biographie Jesu nicht zu. Insbesondere sei der Termin des ersten Osterfestes, also der Tage nach der Kreuzigung Christi, nicht genau feststellbar. Folge man dem Evangelium des Johannes, so sei Christus 33 gekreuzigt worden, folge man den übrigen Evangelien, den sogenannten Synoptikern, so sei der Kreuzigungstermin 34 gewesen. Beda selber hatte nun aber errechnet, daß sich die Termine für das Osterfest in einem Zyklus von 532 Jahren wiederholten, und mußte erstaunt feststellen, daß weder der Ostertermin des Jahres 565 (= 33 + 532) noch der des Jahres 566 (= 34 + 532) mit den bisher angenommenen Osterterminen am 25. oder 27. März übereinstimmte. Irgendetwas konnte also an den Nachrichten der Evangelien nicht stimmen, aber es gelang Beda Venerabilis nicht, diese Unstimmigkeiten aufzuklären und eindeutig zu lösen.

Kritik an der Inkarnationsära des Dionysius kam auch in den folgenden Jahrhunderten immer wieder vor, besonders gehäuft um das Jahr 1000, weniger deswegen, weil die Jahrtausendwende zu besonderen Überlegungen über Fragen von Zeitablauf und Endzeit angeregt hätte, sondern weil die von Dionysius Exiguus erstellte Ostertafel, die die Ostertermine bis 532 enthalten hatte, und ihre Fortsetzung durch Beda Venerabilis bis zum Jahr 1063 an ihr Ende kamen und wiederum verlängert werden mußten. Daß sich die Kritik dennoch nicht allgemein verbreitete und man bei der einmal von Dionysius definierten Ära blieb, zeigt, daß auch im Mittelalter in dieser Beziehung der Praktikabilität der Vorzug gegeben wurde vor der endgültigen Entscheidung möglicherweise gar nicht vollends lösbarer Probleme. Daß die Probleme des Dionysius und die Kritik Bedas bis heute die Leben-Jesu-Forschung beschäftigen und damit theoretisch auch Rückwirkungen auf die heute allgemein geltende Zählung der Kalenderjahre nach Christi Geburt haben müßten, sei nur am Rande erwähnt.

Von der Zählung der Jahre nach Christi Geburt zur Zählung der Jahre vor Christi Geburt scheint es heute nur ein kleiner Schritt zu sein. Einen rein technischen Vorgang könnte man es nennen, daß es sich im Laufe des Mittelalters einbürgerte, auf diese Weise auch Jahre zu bezeichnen, die vor der Fleischwerdung des Herrn lagen. Allerdings sind die geistigen Voraussetzungen dafür doch wohl alles andere als selbstverständlich gewesen.

Jahre vor Christi Geburt als solche zu bezeichnen, in eine strikte Ordnung zu bringen und sie mit historischen Ereignissen in Verbindung zu bringen, das war das Interesse all derer, die sich mit der Geschichte der Welt seit der Schöpfung beschäftigten. Ihnen konnte es nicht genügen, mit der Geburt Christi einen Ausgangspunkt für die Zeit seither zu besitzen, sondern sie benötigten für den Rückblick in die Antike, in die Geschichte des Alten Testaments und bis hin zum Datum der Schöpfung auch eine Möglichkeit der Jahreszählung vor der Geburt Christi.

Auch hier ist es Beda Venerabilis, der Jahre vor Christi Geburt zu zählen beginnt, weil er in einer Chronik die Weltgeschichte auch jener Zeiten zu behandeln hat. Wichtiger aber ist das geistige Milieu der spätmittelalterlichen Geschichtsschreiber aus den Bettelorden, besonders aus dem Orden der Franziskaner. Die weitverbreitete Geschichtsdarstellung *Flores temporum*, Ende des 13. Jahrhunderts in Kreisen süddeutscher Franziskaner entstanden und in der Folge in mehreren Versionen im Umlauf, benutzte die sogenannte retrospektive Inkarnationsära, also die Bezeichnung von Jahren vor Christi Geburt, durchgehend. Begründet wurde dies damit, daß man eben gerne genau mitteilen wolle, wieviele Jahre denn seit einem bestimmten Ereignis vergangen seien; je genauer man dies tun könne, um so mehr Glauben verdiene die eigene Darstellung dieses Ereignisses.

h. Der Anfang der Welt und das Ende aller Zeiten

Zeitvorstellungen, die wie die christliche so sehr das Wirken Gottes auf Erden in den Mittelpunkt stellen, beschäftigen sich mit der Zeit nicht zuletzt deswegen, weil es um die Zeit der Verwirklichung des Heilsplanes Gottes geht. Mit der Erschaffung der Welt beginnt Gottes Wirken in der Zeit, mit dem Jüngsten Gericht wird die Zeit enden. Der Ort der Menschen ist dazwischen: Grund genug, den eigenen Lebenszeitraum innerhalb dieses Zeitablaufes zu fixieren, zu fragen, wieviel Zeit seit der Erschaffung der Welt schon vergangen ist und wieviel Zeit bis zum Jüngsten Gericht noch bleiben wird.

Eine Antwort auf diese Frage kann nur in zwei Schritten erfolgen: Zunächst mußte man in den Schriften des Alten Testaments nach Angaben über das Datum der Schöpfung suchen. Sodann leitete man aus der Bibel Vermutungen über die Länge der menschlichen Geschichte von Adam bis zum Jüngsten Tag ab. Im Ergebnis vermochte man idealerweise einen Tag der Schöpfung zu fixieren und das vermutliche Weltenende ebenso.

Alle Versuche einer Weltenära, also einer Fixierung des Schöpfungsdatums, hatten mit den Ungereimtheiten des Alten Testaments zu kämpfen. Nach aller Erfahrung unmögliche Größenordnungen des menschlichen Lebens – dem sprichwörtlich gewordenen Methusalem wurde eine Lebensspanne von 969 Jahren attestiert – und Widersprüche über die Folge und die Regierungszeiten mancher Könige machten die Fixierung der alttestamentlichen Chronologie schwierig und führten zu mehreren, miteinander konkurrierenden Modellen.

Die ersten christlichen Geschichtsschreiber des 3. Jahrhunderts meinten, den Zeitpunkt der Erschaffung der Welt in das Jahr 5500 (v. Chr.) legen zu können. Da aber, so kombinierten sie weiter, die Schöpfung insgesamt sechs Tage gedauert habe und jeder Tag der Schöpfung nach den Vorstellungen des jüdisch bestimmten Chiliasmus – einer Zeitrechnung in Jahrtausenden – einem Zeitablauf von 1000 historischen Jahren entspreche, sei mit dem Weltenende im Jahre 500 n. Chr. zu rechnen.

Je näher dieser Termin rückte, um so drängender wurde die Frage, ob denn wirklich das Ende aller Zeiten unmittelbar bevorstehe und wie es aussehen werde. Da lag es nahe, zunächst den Termin hinauszuschieben: Die Chronik des griechischen Kirchenvaters Eusebios, um 381 durch Hieronymus ins Abendland vermittelt, rechnete mit einem Schöpfungstermin im Jahre 5198 v. Chr. und vermochte es auf diese Weise, das Weltenende auf das Jahr 801 zu verlegen, so weit jedenfalls, daß es für die Lebenden keine unmittelbare Bedrohung mehr darstellte. Wieder kam es zu einer Neuberechnung erst dann, als sich auch der Termin des Hieronymus ungebührlich der eigenen Gegenwart näherte: Beda Venerabilis, Zeitgenosse des beginnenden 8. Jahrhunderts, fixierte in seiner Chronik das Alter der Welt auf nur noch 3951 Jahre vor Christi Geburt und das Weltenende damit auf das Ende des Jahres 2048.

Was wie eine gelehrte Spielerei wirkt, hatte ernsthafte und tiefgehende Hintergründe, die bis heute in mancherlei Beziehung wirkmächtig geblieben sind: Zu wissen, daß der Mensch Gottes Geschöpf sei, gab und gibt den Christen Gewißheit. Zu wissen, daß das Vergehen von Himmel und Erde bevorstehe, daß aber niemand weiß, wann es eintreten wird (Matthäus 24, 35–36), schafft Ungewißheit. Die Gewißheit des Glaubens mit der Sicherheit nachvollziehbaren Rechnens zu verbinden und dadurch der Ungewißheit über das Ende der Welt wenigstens etwas den Boden zu entziehen: das war der Hintergrund der Weltären.

Es war auch der Hintergrund des französischen Gelehrten, Politikers, Bischofs und Kardinals Pierre d'Ailly (um 1351–1420), der auf dem Konstanzer Konzil im Gefolge des französischen Königs auftrat und sich dort – wenngleich erfolglos – um die Reform des christlichen Kalenders bemühte. Er legte seinem Reformvorschlag eine Berechnung zugrunde, nach der das Ende aller Zeit im Jahre 1789 – dem Jahr der späteren Französischen Revolution – bevorstehen würde. Es sind Berechnungen dieser Art, die immer wieder Nahrung zu bieten scheinen, sich mit historischen Voraussagen und Voraussagbarkeiten zu beschäftigen.

9. Die Gregorianische Kalenderreform und ihre Rezeption in Europa

Der Julianische Kalender, der seit dem Jahre 46 v. Chr. galt, hatte die durchschnittliche Länge eines Jahres auf $365\frac{1}{4}$d festgelegt. Das war, gemessen an den heutigen astronomischen Kenntnissen, um 11 min 14 sec zu lang, und selbst gemessen an der verbreitetsten Berechnung des Mittelalters immer noch um 10 min 44 sec länger als das Sonnenjahr. Die Konsequenz lag auf der Hand: Jahr für Jahr hinkte der Kalender um eben diesen Betrag hinter dem Sonnenstand hinterher. Im Laufe von etwa 128,19 Jahren wurde aus diesem Hinterherhinken ein ganzer Tag. Erstmals sah man dieses Problem beim Konzil von Nizäa (325 n. Chr.) und löste es, indem das Datum der Frühjahrssonnenwende vom 25. März auf den 21. März verlegt wurde. Da aber an der Jahreslänge nichts geändert wurde, liefen von Nizäa bis zum Jahre 1500 schon wieder mehr als neun Tage Differenz auf.

Dieser Unterschied zwischen dem tatsächlich zu beobachtenden Sonnenstand und den Kalenderdaten spielte vor allem bei der für das Christentum zentralen Frage der Zeitrechnung eine Rolle, der Fixierung des Osterfestes. Ostern sollte am ersten Sonntag nach Vollmond auf oder nach Frühlingsanfang begangen werden, also frühestens am 22. März und spätestens am 25. April. Wenn nun der am Sonnenstand zu beobachtende Frühlingsanfang, d. h. die Frühlings-Tagundnachtgleiche, bereits deutlich vor diesem ersten Ostertermin lag, konnte es notwendig sein, Ostern vor dem Kalenderdatum des 22. März zu feiern, also an einem „unmöglichen" Termin. So lag die Frühjahrs-Tagundnachtgleiche im Jahre 1400 beispielsweise auf dem Kalenderdatum des 10. März. Ostern wäre folglich am darauffolgenden Sonntag, dem 14. März, zu feiern gewesen, wenn man sich in vollem Umfang nach den astronomischen Beobachtungen gerichtet hätte.

Diese Aporie aufzuheben war das vorrangige Ziel der Kalenderreformer, die sich schon im Mittelalter zu Wort meldeten. Von Hrabanus Maurus um 840 bis zu Robert Grosseteste (um 1220), Johannes von Sacrobosco (1232/35) und Roger Bacon (1263/65) wurden immer wieder aufs neue die offenkundigen Abweichungen des Kalenders vom astronomischen Befund festgestellt. Die Stimmen mehrten sich, daß es einer grundsätzlichen Reform des Kalenders bedürfe, die von empirischen Beobachtungen ausgehen müsse, nicht von theoretischen Prämissen. Empirie als Begründung und als Methode einer künftigen Kalenderreform: hierin zeigte sich eine zunehmende Hinwendung schon mittelalterlicher Wissenschaft zu „modernen" Grundlagen.

Freilich zeigt die Wirkungslosigkeit der Reformtraktate auch, wie wenig das überprüfbare Faktum alleine ausreichte, um eine Reform wirklich in Gang zu setzen, daß es vielmehr der erklärten Förderung durch die Kirche bedurfte, um den Reformvorschlägen zum Durchbruch zu verhelfen. Dies zeigte sich beispielhaft bei den Bemühungen spätmittelalterlicher Konzilien, die Kalenderverbesserung zu ihrer Sache zu machen. Nicht nur auf dem Konstanzer Konzil (1414–1418), dem der Kardinal Pierre d'Ailly (1351–1420) einen entsprechenden Vorschlag gemacht hatte, sondern auch auf dem Konzil von Basel (1431–1437/49), dem kein Geringerer als Nikolaus von Kues (1401–1464) die Angelegenheit vortrug, kam ein entsprechendes Dekret nicht zustande. Das tat weiteren theoretischen Bemühungen um eine Reform keinen Abbruch, so daß die Frage der notwendigen Kalenderverbesserung gerade auch in der Zeit allgemeiner Verbreitung des Buchdruckes zu den beliebten Themen von Theologen und sonstigen Wissenschaftlern wurde.

Schließlich wurde die Kalenderfrage auch auf dem Konzil von Trient (1545–1563) diskutiert, dort zwar wiederum nicht abgeschlossen, aber immerhin dem Papst zur weiteren Behandlung dringend empfohlen. Freilich ließ erst Papst Gregor XIII. (1572–1585) dem Kalenderproblem die notwendige Aufmerksamkeit zuteil werden. Auf der Basis von privaten Vorarbeiten durch den Süditaliener Luigi Giglio sowie einige andere Autoren und nach der Überprüfung dieser Vorarbeiten in päpstlichem Auftrag durch einige europäische Universitäten legte eine Kommission unter dem Bamberger Jesuiten und Mathematiker Christoph Clavius (1538–1612) dem Papst den Entwurf einer Kalenderreform vor. Gregor XIII. verkündete den Inhalt in seiner Bulle „Inter gravissimas" am 24. Februar 1582.

Der wesentliche Inhalt dieser Reform bestand zunächst in der schlichten Auslassung von zehn Kalendertagen des Jahres 1582: Auf den 4. Oktober sollte sogleich der 15. Oktober folgen. Dadurch würde der Rückstand des Kalenders gegenüber der Sonne aufgehoben werden. Um künftig Abweichungen des Kalenders vom Sonnenstand in möglichst engen Grenzen zu halten, wurde der Schaltjahresrhythmus verändert: Zwar sollten weiterhin alle diejenigen Jahre Schaltjahre sein, deren Jahreszahlen durch 4 teilbar sind, jedoch wurden die Jahre 1700, 1800, 1900, 2100, 2200, 2300 usw. davon ausgenommen. Dadurch verringerte sich die Durchschnittslänge eines Jahres auf 365 d 5 h 49 min 12 sec, lag also nur noch um 26 sec über der tatsächlichen Länge eines Sonnenjahres, eine Marge, die erst im Verlaufe von mehr als 3323 Jahren zu einem ganzen Tag anwachsen würde.

So einfach nun dieser Teil der Gregorianischen Kalenderreform ausfiel, so schwer verständlich war ein anderer, zumal die vom Papst in Aussicht gestellte ausführliche offizielle Begründung und Erklärung des Kalenders in schriftlicher Form niemals publiziert wurde. Es ging um die Frage des sogenannten Epaktenzyklus. Gemeint ist damit eine außerordentlich komplizierte Berechnung derjenigen Tage eines Jahres, an denen jeweils Neumond ist. Kompliziert war und ist diese Berechnung, weil der Mondmonat ebensowenig wie das Sonnenjahr aus einer glatten Anzahl von Tagen besteht. Damit folgen auch die Neumonde nicht etwa in einem präzise 29tägigen Zyklus nacheinander. Überdies unternahm man auch im Gregorianischen Kalender den schwierigen Versuch, den Ablauf der Epakten ebenso wie den der Jahre insgesamt in einen 19jährigen Zyklus zu bringen, den der griechische Astronom Meton begründet hatte.

Das bedeutete nichts weniger, als daß man der Empirie Grenzen setzte: Der Auslöser der Reform war die empirisch begründete Feststellung gewesen, daß Kalender und Sonne nicht miteinander in Einklang standen. Die Lösung des Problems bestand aus einer Kombination von Empirie einerseits und feststehenden Voraussetzungen andererseits. Die päpstliche Kommission vermochte sich von der Vorstellung nicht zu lösen, daß es mit Hilfe komplizierter, zum Teil nicht einmal unter Fachleuten unumstrittener Berechnungen möglich sei, größere Einheiten als das Sonnenjahr rechnerisch zu konstruieren und aus dieser Konstruktion Folgerungen für die Berechnung des Kalenders jedes Jahres abzuleiten.

Der unstreitige Erfolg der Reform Gregors XIII., der in der Übernahme des neuen Kalenders durch weite Teile der Welt besteht, stellte sich nicht zuletzt dieser rechnerischen Komplexität wegen nicht sofort ein. Eine Begründung der Zyklusberechnungen wurde nie publiziert, und so blieb der Kalender zunächst unter Astronomen und Mathematikern umstritten.

Viel entscheidender aber war, daß dieser Kalender in der Zeit der europäischen Konfessionsspaltung den einen als papistisches Machwerk galt, den anderen hingegen als geradezu unbestreitbar wahre, vom Heiligen Vater mit aller Autorität versehene Entscheidung erschien. So wurden Annahme oder Ablehnung des Gregorianischen Kalenders zum genauen Spiegelbild der europäischen Konfessionsstände: Italien, Spanien, Portugal und Polen führten den Kalender noch im Oktober 1582 ein, Frankreich und Lothringen im Dezember. Im größten Teil der Niederlande wurde der Übergang zum neuen Kalender zum Jahreswechsel 1582/83 vollzogen.

Anders stand es im Mutterland der Reformation, in Deutschland. Hier mußte der Gregorianische Kalender, zumal in den letzten Jahrzehnten des 16. Jahrhunderts mit ihrer zunehmenden Verfestigung der Konfessionsunterschiede, die man modern als den Vorgang der Konfessionalisierung bezeichnet, geradezu zwangsläufig umstritten sein. Das Ergebnis war eine Spaltung des deutschen Sprach- und Kulturraumes in verschiedene Kalenderzonen, die im wesentlichen bis 1700 anhielt.

Die Schärfe der theologischen Auseinandersetzungen einerseits, andererseits aber auch die offenkundigen astronomisch-mathematischen Ungereimtheiten des neuen Kalenders brachten eine Vielzahl von Polemiken für und gegen die Neuregelung hervor, durch die dem Kalender letztlich eine Bedeutung zugemessen wurde, die weit über die tatsächlich regelungsbedürftigen Mängel der bisherigen Zeitrechnung hinauswies.

Im Verlaufe der Jahre 1583–1585 nahmen die meisten katholischen Reichsstände auf der Basis einer Verfügung Kaiser Rudolfs II. (1575–1612) den neuen Kalender an. Die protestantischen Reichsstände hingegen verhielten sich mindestens abwartend, wenn nicht feindlich. Gleiches galt für die konfessionell gespaltene Schweiz, deren katholische Kantone den Kalender ebenfalls weit vor den evangelischen annahmen. Die durchweg protestantisch gewordenen Königreiche Nordeuropas sowie England bestanden ebenfalls bis etwa 1700 im wesentlichen auf der Geltung des alten Kalenders.

Diese Kalenderspaltung führte zunächst dazu, daß man im ausgehenden 16. und im 17. Jahrhundert vielen Daten die Bezeichnung „alter Stil“ (= unreformierter Julianischer Kalender) oder „neuer Stil“ (= Gregorianischer Kalender) hinzugesetzt findet. Berücksichtigt man die unterschiedliche Datierung von manchen Korrespondenzen nicht, mochte es zu dem Eindruck kommen, daß das Schreiben eines katholischen Absenders, dessen Kalender elf oder zwölf Tage weiter war, von einem protestantischen Empfänger, dessen Kalenderzählung um den gleichen Betrag zurücklag, bereits unter einem scheinbar früheren Datum beantwortet wurde, als es überhaupt geschrieben worden war.

Problematischer noch wurde die Frage der christlichen Feste. In nicht weniger als 65 Jahren zwischen 1582 und 1699 feierten Katholiken und Protestanten an unterschiedlichen Terminen das Osterfest. Um nur eines der zahlreichen Beispiele zu nennen: 1595 fiel nach dem alten Kalender der Protestanten Ostern auf den 20. April, nach dem neuen Kalender der Katholiken aber bereits auf den 26. März. Da vom Ostertermin aber alle anderen beweglichen Kirchenfeste des Jahres abhängig waren, wurden damit die Kirchenjahre mit mehr als drei Wochen Unterschied durchlaufen. Das mochte noch angehen, wo es sich um konfessionell geschlossene Territorien handelte, es war aber grotesk, wo konfessionell gemischte Bevölkerungen miteinander zu leben gezwungen waren. Ständig anhaltende Streitigkeiten, vor allem um die alltäglich sichtbaren kirchlichen Vorgänge wie Gottesdienste und Prozessionen, waren die geradezu notwendige Folge. Der Streit zwischen den verschiedenen Kalendersystemen trug zur Verhärtung der konfessionellen Gegensätze innerhalb Deutschlands in erheblichem Umfang bei.

So lag es auf der Hand, daß beide Seiten nach Lösungen suchten. Versuche auf dem Friedenskongreß von Münster und Osnabrück 1648 scheiterten freilich ebenso wie manch andere Initiativen, die durch die Überlagerung der offenkundig nötigen Problemlösung einerseits mit dem konfessionellen Streit jener Jahre andererseits meist bald in gegenseitigen Blockaden endeten.

Erst zum Jahre 1700 kam es zu einer Einigung, die deutlichen Kompromißcharakter trägt, aber vielleicht gerade deswegen für beide Seiten akzeptabel wurde. Der sogenannte Verbesserte Kalender übernahm die Grundzüge des Gregorianischen Kalenders, machte aber eine andere Osterberechnung möglich, indem die Frühjahrs-Tagundnachtgleiche nicht schematisch auf den 21. März angesetzt, sondern nach empirischen Befunden zwischen dem 19. und dem 23. März schwanken konnte.

Diese Reform der Reform wurde von den Protestanten im Reich, dem Corpus Evangelicorum, im Jahre 1700 eingeführt. Die meisten anderen protestantischen Reiche folgten umgehend, allein Schweden und Großbritannien-England gingen erst 1752 zum Verbesserten Kalender über. Die Probleme der unterschiedlichen Osterfestberechnung zwischen Gregorianischem und Verbessertem Kalender hielten noch bis 1776 an, so daß man erst nach annähernd zwei Jahrhunderten zu einem definitiven Ende der Kalenderspaltung Europas kam.

Jedoch bestand auch seither ein Kuriosum fort: Der schweizerische Kanton Graubünden verweigerte die Annahme noch bis 1798, und die Graubündener Gemeinde Süs im Unterengadin war erst 1811 mit Waffengewalt zur Anwendung des neuen Kalenders zu bewegen.

Von erheblich weiter reichender Bedeutung aber ist die Abkoppelung Osteuropas vom Verbesserten Kalender. Rußland blieb von vornherein beim alten Kalender, während Kurland und Litauen im Verlaufe des 18. Jahrhunderts wieder vom Gregorianischen zum Julianischen Kalender zurückgingen und in Polen beide Kalender nebeneinander benutzt wurden. Erst im Januar/Februar 1918 wechselte Rußland zum Gregorianischen Kalender, weswegen der Jahrestag der Oktoberrevolution 1917 kalendarisch im November begangen werden muß.

10. Der Kalender der Französischen Revolution

Zeitrechnung und Kalender sind zu allen Zeiten Gegenstand der Politik gewesen, beruhten auf Setzungen der jeweiligen Obrigkeit und waren zu politischen Zwecken ebenso nutzbar wie veränderbar. Kaum eine Zeit der europäischen Geschichte verdeutlicht das besser als die Jahre der Französischen Revolution seit 1789. Entchristlicht in ihrem Weltverständnis, statt dessen einen Kult der Vernunft praktizierend, der erklärtermaßen das Christentum ersetzen und auf einer höheren Ebene aufheben sollte, war es eines der Ziele der Revolutionäre, die neu formulierten Grundlagen staatlichen und gesellschaftlichen Zusammenlebens auch in ihrem Kalender auszudrücken und den ihrer Meinung nach überholten christlichen Kalender deswegen abzulösen.

Freilich gehört das Nachdenken über den christlichen Kalender und seine Praktikabilität durchaus in einen weiteren Rahmen zunehmender Uniformierungsbestrebungen im vorrevolutionären Frankreich. Die Einführung des Dezimalsystems bei Maßen und Gewichten war dabei nicht ernsthaft umstritten. Eher galt das schon für den geplanten Neuzuschnitt der Verwaltungseinheiten Frankreichs: Man erwog ernstlich den

Plan, das Land in Territorien mit rechtwinkligen Grenzen aufzuteilen, und wollte damit die scheinbar rationale Landkarte der entstehenden Vereinigten Staaten von Nordamerika kopieren. In diesen Zusammenhang gehören auch erste Überlegungen, einen neuen Kalender in Frankreich einzuführen.

Zum Jahresende 1787 erschien in Paris der *Almanach des Honnêtes Gens* des Sylvain Maréchal (1750–1803). Dieses Jahrbuch enthielt erstmals einen neuen Kalender, der die einzelnen Monate mit je 30 Tagen gleich lang veranschlagte, sie in drei Dekaden zu jeweils zehn Tagen einteilte und fünf Zusatztage am Ende des Jahres hinzufügte. Monate erhielten neue Namen, Tage erhielten – statt der christlichen Heiligen – „honnêtes gens", repräsentative Personen, zugeordnet. Das Jahr wurde als „L'An prémier du règne de la Raison", das erste Jahr der Herrschaft der Vernunft, überschrieben.

Die Veröffentlichung dieses Kalenders brachte dem Verfasser Maréchal die Haft ein, seinem Kalender die Bücherverbrennung. Nach dem 14. Juli 1789 jedoch, dem Beginn der Französischen Revolution, wurde der *Almanach* des Sylvain Maréchal zu einer der Inkunabeln revolutionären Denkens. Sein Modell wurde zum Vorbild für den Kalender der Revolution, auch wenn bis zu einem endgültigen Beschluß darüber noch mehr als zwei Jahre ins Land gehen sollten.

Bereits seit 1789/90 tauchten in der Presse und in öffentlichen Verlautbarungen zunehmend Datierungen auf, in denen die christliche Jahreszahl nicht mehr verwendet, sondern durch die Angabe „année de la liberté", Jahr der Freiheit, ersetzt wurde. Der revolutionäre *Moniteur* erschien am 14. Juli 1790 mit der Tagesangabe „1er jour de la 2de année de la Liberté". Im Jahre 1792 wurde ernstlich überlegt, ob man die Jahreszählung auch weiterhin mit dem jeweiligen 14. Juli ändern sollte. Man einigte sich auf den Kompromiß, künftig die revolutionären Jahre jeweils am 1. Januar beginnen zu lassen, vermochte sich also noch nicht völlig von den christlichen Gewohnheiten zu lösen.

Der Sturm auf die Tuilerien am 10. August 1792 schließlich bildete denjenigen Einschnitt der Revolution, durch den dann endgültig auch dem Kalender ein neues Aussehen gegeben werden sollte. Ein Dekret des 22. September 1792 – am Tage zuvor war die Monarchie abgeschafft worden – machte es staatlichen Institutionen zur Pflicht, die Jahre ab sofort als „années de la république", Jahre der Republik, zu bezeichnen, eine Bezeichnung, die die Jakobiner umgehend auch für sich übernahmen.

Die folgenden Monate und Jahre sind von einer erheblichen Unsicherheit des Konventes in Kalenderfragen bestimmt: Wann sollte das jeweils neue revolutionäre Jahr beginnen? Sollte man das christliche Jahr bei Datierungen überhaupt noch nennen oder nicht? Durfte der 14. Juli, mit dem die Revolution begonnen hatte, bei der Datierung unberücksichtigt bleiben? Die Debatten des Konventes in Kalenderfragen führten zunächst zu kaum praktikablen Entscheidungen von Fall zu Fall und mündeten erst im September 1793 in einen ausformulierten Kalendervorschlag.

Als der Urheber dieses Kalenders gilt der Abgeordnete Gilbert Romme (1750–1795). Er griff wesentliche Teile des Kalenders von Maréchal auf, setzte sie in einen systematisch durchdachten Zusammenhang und legte diesen Vorschlag zunächst dem Erziehungsausschuß und sodann dem Konvent selber vor. Die Jahreslänge sollte bei den gewohnten 365 Tagen bleiben. Ein Schalttag sollte jeweils dann eingefügt werden, wenn dies nötig war, also vermutlich alle vier Jahre. Dieser Schalttag wurde in Anlehnung an die Antike als „l'olympique" bezeichnet, der Olympische, und sollte mit Spielen zu Ehren des Vaterlandes gefeiert werden. Der Jahresanfang sollte künftig jeweils am 22. September liegen: Die Abschaffung der Monarchie an diesem Tage im Jahre 1792 und die Herbst-Tagundnachtgleiche seien nicht zufällig zusammengefallen, sondern es liege ein tieferer Sinn im Zusammenfallen von politischen Einschnitten und natürlichen Vorgängen. Die Zählung der Jahre sollte nun endgültig nicht mehr nach Christi Geburt erfolgen, sondern nur noch nach den „années de la république", den (römisch durchgezählten) Jahren der Republik. Das Jahr sollte in 12 Monate zu je 30 Tagen mit 5 Zusatztagen am Ende eingeteilt werden, die Monate ihrerseits in drei Dekaden zu je zehn Tagen. Das bedeutete, daß ein Jahr 36½ Dekaden oder 73 Halbdekaden umfassen sollte, deren einzelne sich jeder Bürger an den Fingern einer Hand abzählen konnte. Hier wird besonders deutlich, daß angesichts des Fehlens historischer Vorbilder für eine rational erscheinende Monatseinteilung eine Verbindung zwischen dem gesunden Menschenverstand und der mathematischen Künstlichkeit des Modells gesucht werden mußte.

Auch für die Benennung der einzelnen Tage und Monate machte Romme Vorschläge, jedoch stieß er damit nicht auf die Zustimmung des Konventes. Vielmehr wurde eine Kommission eingesetzt, die im Oktober 1793 einen neuen Namenskatalog vorlegte, der wesentlich auf Vorschläge des Abgeordneten Fabre d'Eglantine (1750–1794) zurückging. Auf Namen für die einzelnen Monatstage wurde zugunsten einer schlichten Durchnumerierung in den einzelnen Dekaden verzichtet. Die Tage wurden von „Primdi", erster Tag, bis „Décadi", zehnter Tag, durchgezählt. Der ergänzende Vorschlag, jeden Tag mit einem Namen zu versehen, der mit der Landwirtschaft zusammenhing, stieß nicht auf Gegenliebe. Die Monate hingegen erhielten neue Namen, die wesentlich von Naturphänomenen abgeleitet wurden und in den vier Jahreszeiten jeweils untereinander durch gleichlautende Endungen als zusammengehörig gekennzeichnet wurden. So kam es zu folgenden Bezeichnungen:

(Herbst)	Vendémiaire	Monat der Weinlese
	Brumaire	Monat des Nebels
	Frimaire	Monat des Reifs
(Winter)	Nivôse	Monat des Schnees
	Pluviôse	Monat des Regens
	Ventôse	Monat des Windes
(Frühjahr)	Germinal	Monat des Keims
	Floréal	Monat der Blüte
	Prairial	Monat der Wiese
(Sommer)	Messidor	Monat des Mähens
	Thermidor	Monat der Wärme
	Fructidor	Monat der Frucht

Schließlich mußte die Frage geklärt werden, ob auch die Zusatztage am Ende des Jahres Namen erhalten sollten. Man entschied sich dafür, sie als „Sansculottides“ zu bezeichnen und mit öffentlichen Festen zu begehen.

Endlich wurde noch der Übergang von der bisherigen Uhrzeit zur dezimalen Uhrzeit beschlossen, jedoch wegen der voraussehbaren Schwierigkeiten bei der Entwicklung solcher Uhren sogleich um ein Jahr verschoben. Ein gleichzeitig ausgeschriebener Wettbewerb um die Entwicklung einer Dezimaluhr verlief ohne Ergebnis im Sande: Die Konstruktion einer solchen Uhr scheiterte und mit ihr die dezimale Teilung des Tages. Die Umstellung der Tageszeit auf ein rationalistisches Dezimalsystem wurde danach nicht mehr weiterverfolgt; sie schien weniger wichtig geworden zu sein.

Mit dem Kalenderdekret des Konventes vom 24. November 1793, dem 4. Frimaire des Jahres II, war die neue Zeit endgültig angebrochen und für jedermann sichtbar geworden. Der vorläufige Abschluß der Kalenderreform paßte auffallend in die politische Landschaft des ausgehenden Jahres 1793, eine Zeit, während derer die Jakobiner ihre Herrschaft zu festigen bemüht waren, in der sie eine großangelegte Kampagne zur Dechristianisierung des öffentlichen und privaten Lebens begannen und dagegen eine weitgehend unbeschränkte, jederzeit auch politisch ausdeutbare „Herrschaft der Vernunft“ durchzusetzen proklamierten.

Die Folgen des neuen Kalenders gingen weit über den öffentlichen Bereich hinaus und griffen tief in die private Lebensführung der Franzosen ein. Das hervorstechende Merkmal des neuen Kalenders war – noch vor allen Änderungen der Bezeichnungen – die faktische Verlängerung der Arbeitszeiten und die Verminderung der Ruhetage. Aus den 52–53 Sonntagen des christlichen Jahres und den zahlreichen hohen Kirchenfesten, die allgemein als Ruhetage begangen wurden, waren unversehens 36 Décadis des Revolutionskalenders und 5–6 Jours Sansculottides geworden, eine Tatsache, die Erklärungen notwendig machte und zu Veränderungen des Alltags führen mußte.

So war es folgerichtig, nach dem Kalenderdekret vom November 1793 eine großangelegte Kampagne der Volkserziehung zu beginnen, mit deren Hilfe der neue Kalender in seinen Grundelementen bekannt und seine Überlegenheit gegenüber der bisherigen Regelung glaubhaft gemacht werden sollte. Ideologische und praktische Anforderungen verbinden sich in diesem Bemühen zu einem schwer entwirrbaren Knäuel: Den christlichen Kalender als Machtinstrument der politisch abgeschafften Monarchie zu denunzieren war das eine, ihn als völlig irrational und beliebig zu brandmarken das andere. Dagegen wurde die Herkunft des neuen Kalenders aus dem Geiste der Rationalität betont, wurde seine Übereinstimmung mit Naturphänomenen besonders hervorgehoben und erhielt er seine politische Dignität vor allem aufgrund seines Entstehens im Verlauf der Revolution.

Die Publikation des neuen Kalenders erforderte massive Maßnahmen des Staates: Da er ohne jede Übergangsfrist ab sofort eingeführt worden war, mußten Kalender für das laufende und das folgende Jahr gedruckt und verteilt werden. Zunächst erhielten die staatlichen Verwaltungen in den Départements die entsprechenden Unterlagen zugesandt. Die privat verlegten Kalendarien und Almanache für das Kalenderjahr 1794 waren bereits im Druck, konnten aber vielfach noch revidiert und dem neuen Kalender angepaßt werden. Oftmals wurden der bisherige Gregorianische und der neue Kalender nebeneinander gedruckt, um die Umrechnung für die Leser zu erleichtern. Gedichte und Lieder, öffentliche Aufführungen von Theaterstücken und Umzüge, die den Jahreslauf veranschaulichen sollten, waren dazu gedacht, auch den nicht schriftkundigen Einwohnern den Übergang in die neue Zeit zu erleichtern.

Freilich stellten sich bald auch Mängel des neuen Kalenders heraus, teils im Sinne sachlicher Fehler, teils im Sinne schlicht vergessener und nicht geregelter Fälle. Die Schaltjahresregelung war, wie Astronomen errechneten, unzureichend; man empfahl, zum festen Vierjahresschema zurückzukehren. Die Frage, wie man den Décadi, den neuen Ruhetag des Kalenders, feiern sollte, war ungeregelt geblieben, betraf aber eine der zentralen Fragen der Selbstdarstellung der Revolution in ihrer Festkultur und die Fähigkeit der Revolution, die bisherigen christlichen Feste durch überzeugende neue Angebote zu entwerten und zu überlagern.

Das erwies sich als weitaus komplizierter, als man es vermutet hatte. Nach immerhin anderthalbjähriger Arbeit legte der Erziehungsausschuß einen Gesetzentwurf vor, der am 3. Brumaire IV (25. Oktober 1795) verabschiedet wurde. Aus den 36 regelmäßigen Dekadenfeiern waren nun sieben Nationalfeste des revolutionären Frankreich geworden: die fünf Feste der Jugend, des Alters, der Eheleute, der Aufklärung und der Landwirtschaft jeweils auf einem Décadi, dazu der Tag der Gründung der Republik am 1. Vendémiaire, dem Tag des Jahresbeginns, sowie das zweitägige Fest der Freiheit am 9./10. Thermidor. Über weitergehende Dekadenfeiern wurde keine Einigkeit erzielt. Befürworter wie Gegner einer allgemeinen Regelung für diese Feiern nutzten die Diskussion dazu, entweder generelle Bedenken gegen den Revolutionskalender zu formulieren oder ihn vehement zu verteidigen. Die anhaltenden Diskussionen zeigten im wesentlichen nur eines: die Uneinigkeit bei der Ausfüllung des Rahmens, den der Revolutionskalender vorgab. So erhielt der Kalender, unfertig wie er war, im Jahre 1795 auch nicht Verfassungsrang. Allein die republikanische Ära, also der Beginn der Jahreszählung mit dem 22. Oktober 1792, wurde im Artikel 372 der Verfassung festgeschrieben.

Die Jahre zwischen 1795 und 1798 brachten im Grundsatz keine Veränderungen des Kalenders mehr. Zwar wurden die Nationalfeste um weitere vermehrt, u.a. um die Jahrestage der Stürme auf Bastille (14. 7.) und Tuilerien (10. 8.). Aber erst unter den politischen Bedingungen nach dem Staatsstreich des 18. Fructidor V (4. September 1797) erlaubte es das politische Klima, überhaupt an Revisionen des Kalenders zu denken. Zunächst freilich dominierten Versuche, den Kalender in seiner bisherigen Gestalt beizubehalten und ihn dort noch zusätzlich auszufüllen, wo dies bisher unterblieben war. Die

Fragen nach der Gestaltung des Décadi und der Feiertage im allgemeinen entwickelten sich zu politischen Dauerbrennern jener Monate, ohne daß eine Lösung in Sicht gekommen wäre. Das Direktorium der Republik versuchte, mit immer wieder neuen Erlassen auf die Einhaltung und Anwendung des Kalenders durch staatliche Dienststellen und Private zu dringen, hatte dabei aber offensichtlich nur wenig Erfolg. Die Erziehung der Menschen in den Institutionen erwies sich als ebenso schwierig wie die Beherrschung des Alltags, allzumal in der Provinz.

Mit dem Staatsstreich Napoleon Bonapartes am 18. Brumaire VIII (9. November 1799) begann die immerhin vierjährige Übergangszeit bis zur endgültigen Abschaffung des Revolutionskalenders. Zunächst wurden die Nationalfeiertage reduziert auf den Tag der Republikgründung am 1. Vendémiaire und den 14. Juli als Jahrestag des Sturmes auf die Bastille. Bald danach wurde die Beachtung des Décadi als Ruhetag auf die öffentliche Sphäre beschränkt, ein stilles Eingeständnis der Tatsache, daß eine entsprechende Reglementierung der Privatsphäre ohnehin nicht erfolgreich gewesen war.

Politisch problematisch wurde die Situation, als Napoleon trotz seiner Konkordatsverhandlungen mit der katholischen Kirche 1802 am Revolutionskalender mit seinen spezifisch a-christlichen, wenn nicht anti-christlichen Inhalten festhielt. Das Konkordat sah vor, nun beide Kalender, den christlichen und den jetzt so genannten „Calendrier français", teilweise parallel zu beachten: Die Kirche datierte ihre Schriftstücke nach dem Revolutionskalender, dafür wurde der Sonntag als Ruhetag und damit die christliche Woche wieder eingeführt.

Erst nach Napoleons Kaiserkrönung 1804 erhielt der Senat den Entwurf eines Senatusconsultum vorgelegt, der die endgültige Abschaffung des Französischen Kalenders und die Wiedereinführung des Gregorianischen Kalenders zum 11. Nivôse XIV (1. Januar 1806) vorsah.

„Der Revolutionskalender als exponiertes Produkt einer Elitekultur" (Meinzer) war damit an seinem Ende. Politische Umwälzungen einerseits, vor allem aber andererseits der er-

Monate.	Jahr II	Jahr III	Jahr IV	Jahr V	Jahr VI	Jahr VII	Jahr VIII
1. Vendémiaire	22. Sept. 1793	22. Sept. 1794	23. Sept. 1795	22. Sept. 1796	22. Sept. 1797	22. Sept. 1798	23. Sept. 1799
1. Brumaire	22. Okt. 1793	22. Okt. 1794	23. Okt. 1795	22. Okt. 1796	22. Okt. 1797	22. Okt. 1798	23. Okt. 1799
1. Frimaire	21. Nov. 1793	21. Nov. 1794	22. Nov. 1795	21. Nov. 1796	21. Nov. 1797	21. Nov. 1798	22. Nov. 1799
1. Nivôse	21. Dez. 1793	21. Dez. 1794	22. Dez. 1795	21. Dez. 1796	21. Dez. 1797	21. Dez. 1798	22. Dez. 1799
1. Pluviôse	20. Jan. 1794	20. Jan. 1795	21. Jan. 1796	20. Jan. 1797	20. Jan. 1798	20. Jan. 1799	21. Jan. 1800
1. Ventôse	19. Febr. 1794	19. Febr. 1795	20. Febr. 1796	19. Febr. 1797	19. Febr. 1798	19. Febr. 1799	20. Febr. 1800
1. Germinal	21. März 1794	21. März 1795	21. März 1796	21. März 1797	21. März 1798	21. März 1799	22. März 1800
1. Floréal	20. April 1794	20. April 1795	20. April 1796	20. April 1797	20. April 1798	20. April 1799	21. April 1800
1. Prairial	20. Mai 1794	20. Mai 1795	20. Mai 1796	20. Mai 1797	20. Mai 1798	20. Mai 1799	21. Mai 1800
1. Messidor	19. Juni 1794	19. Juni 1795	19. Juni 1796	19. Juni 1797	19. Juni 1798	19. Juni 1799	20. Juni 1800
1. Thermidor	19. Juli 1794	19. Juli 1795	19. Juli 1796	19. Juli 1797	19. Juli 1798	19. Juli 1799	20. Juli 1800
1. Fructidor	18. Aug. 1794	18. Aug. 1795	18. Aug. 1796	18. Aug. 1797	18. Aug. 1798	18. Aug. 1799	19. Aug. 1800
1. Jour compl.	17. Sept. 1794	17. Sept. 1795	17. Sept. 1796	17. Sept. 1797	17. Sept. 1798	17. Sept. 1799	18. Sept. 1800
6. Jour compl.		22. Sept. 1795				22. Sept. 1799	

Monate.	Jahr IX	Jahr X	Jahr XI	Jahr XII	Jahr XIII	Jahr XIV
1. Vendémiaire	23. Sept. 1800	23. Sept. 1801	23. Sept. 1802	24. Sept. 1803	23. Sept. 1804	23. Sept. 1805
1. Brumaire	23. Okt. 1800	23. Okt. 1801	23. Okt. 1802	24. Okt. 1803	23. Okt. 1804	23. Okt. 1805
1. Frimaire	22. Nov. 1800	22. Nov. 1801	22. Nov. 1802	23. Nov. 1803	22. Nov. 1804	22. Nov. 1805
1. Nivôse	22. Dez. 1800	22. Dez. 1801	22. Dez. 1802	23. Dez. 1803	22. Dez. 1804	22. Dez. 1805
1. Pluviôse	21. Jan. 1801	21. Jan 1802	21. Jan. 1803	22. Jan. 1804	21. Jan. 1805	
1. Ventôse	20. Febr. 1801	20. Febr. 1802	20. Febr. 1803	21. Febr. 1804	20. Febr. 1805	
1. Germinal	22. März 1801	22. März 1802	22. März 1803	22. März 1804	22. März 1805	
1. Floréal	21. April 1801	21. April 1802	21. April 1803	21. April 1804	21. April 1805	
1. Prairial	21. Mai 1801	21. Mai 1802	21. Mai 1803	21. Mai 1804	21. Mai 1805	
1. Messidor	20. Juni 1801	20. Juni 1802	20. Juni 1803	20. Juni 1804	20. Juni 1805	
1. Thermidor	20. Juli 1801	20. Juli 1802	20. Juli 1803	20. Juli 1804	20. Juli 1805	
1. Fructidor	19. Aug. 1801	19. Aug. 1802	19. Aug. 1803	19. Aug. 1804	19. Aug.1805	
1. Jour compl.	18. Sept. 1801	18. Sept. 1802	18. Sept. 1803	18. Sept. 1804	18. Sept. 1805	
			23. Sept. 1803			
6. Jour compl.						

Quelle: Rühl, Chronologie, S. 250 f.

Tag des Rev.kal.	Gregorianische Kalendertage bei Monatsanfang am 17. 9.	18. 8.	18. 9.	19. 2.	19. 6.	19. 7. 19. 8.	20. 1. 20. 5. 20. 7.	20. 2. nur 1796	20. 2. andere Jahre	20. 4. 20. 6.	21. 1. 21. 3. 21. 5. 21. 12.	21. 2.	21. 4. 21. 11.	22. 1. 22. 3. 22. 10. 22. 12.	22. 9. 22. 11.	23. 9. 23. 11.	23. 10. 23. 12.	24. 9.	24. 10.
1	17.	18.		19.			20.				21.			22.		23.		24.	
2	18.	19.		20.			21.				22.			23.		24.		25.	
3	19.	20.		21.			22.				23.			24.		25.		26.	
4	20.	21.		22.			23.				24.			25.		26.		27.	
5	21.	22.		23.			24.				25.			26.		27.		28.	
6	22.	23.		24.			25.				26.			27.		28.		29.	
7	23.	24.		25.			26.				27.			28.		29.		30.	30.
8	24.	25.		26.			27.				28.	28.	28.	29.		30.	30.	1. 10.	31.
9	25.	26.		27.			28.	28.	28.	28.	29.	29.	29.	30.	30.	1.	31.	2.	1. 11.
10	26.	27.		28.	28.		29.	29.	1. 3.	29.	30.	1. 3.	30.	31.	1.	2.	1.	3.	2.
11	27.	28.		1. 3.	29.		30.	1. 3.	2.	30.	31.	2.	1.	1.	2.	3.	2.	4.	3.
12	28.	29.		2.	30.	30.	31.	2.	3.	1.	1.	3.	2.	2.	3.	4.	3.	5.	4.
13	29.	30.	30.	3.	1. 7.	31.	1.	3.	4.	2.	2.	4.	3.	3.	4.	5.	4.	6.	5.
14	30.	31.	1. 10.	4.	2.	1.	2.	4.	5.	3.	3.	5.	4.	4.	5.	6.	5.	7.	6.
15	1. 10.	1. 9.	2.	5.	3.	2.	3.	5.	6.	4.	4.	6.	5.	5.	6.	7.	6.	8.	7.
16	2.	2.	3.	6.	4.	3.	4.	6.	7.	5.	5.	7.	6.	6.	7.	8.	7.	9.	8.
17	3.	3.	4.	7.	5.	4.	5.	7.	8.	6.	6.	8.	7.	7.	8.	9.	8.	10.	9.
18	4.	4.	5.	8.	6.	5.	6.	8.	9.	7.	7.	9.	8.	8.	9.	10.	9.	11.	10.
19	5.	5.	6.	9.	7.	6.	7.	9.	10.	8.	8.	10.	9.	9.	10.	11.	10.	12.	11.
20	6.	6.	7.	10.	8.	7.	8.	10.	11.	9.	9.	11.	10.	10.	11.	12.	11.	13.	12.
21	7.	7.	8.	11.	9.	8.	9.	11.	12.	10.	10.	12.	11.	11.	12.	13.	12.	14.	13.
22	8.	8.	9.	12.	10.	9.	10.	12.	13.	11.	11.	13.	12.	12.	13.	14.	13.	15.	14.
23	9.	9.	10.	13.	11.	10.	11.	13.	14.	12.	12.	14.	13.	13.	14.	15.	14.	16.	15.
24	10.	10.	11.	14.	12.	11.	12.	14.	15.	13.	13.	15.	14.	14.	15.	16.	15.	17.	16.
25	11.	11.	12.	15.	13.	12.	13.	15.	16.	14.	14.	16.	15.	15.	16.	17.	16.	18.	17.
26	12.	12.	13.	16.	14.	13.	14.	16.	17.	15.	15.	17.	16.	16.	17.	18.	17.	19.	18.
27	13.	13.	14.	17.	15.	14.	15.	17.	18.	16.	16.	18.	17.	17.	18.	19.	18.	20.	19.
28	14.	14.	15.	18.	16.	15.	16.	18.	19.	17.	17.	19.	18.	18.	19.	20.	19.	21.	20.
29	15.	15.	16.	19.	17.	16.	17.	19.	20.	18.	18.	20.	19.	19.	20.	21.	20.	22.	21.
30	16.	16.	17.	20.	18.	17.	18.	20.	21.	19.	19.	21.	20.	20.	21.	22.	21.	23.	22.

Datenumsetzung nach dem Französischen Revolutionskalender

Für die Umrechnung von Daten des Französischen Revolutionskalenders in den Gregorianischen Kalender gibt es eine sehr präzise, aber relativ unübersichtliche Tabelle bei Grotefend, Taschenbuch S. 142 f. (Tabellen X und XI) mit Erläuterungen S. 133.

Übersichtlicher ist die S. 111 abgedruckte Tabelle aus Rühl, Chronologie S. 250 f. Sie ist folgendermaßen zu benutzen: Bei einer beliebigen Datierung nach dem Französischen Revolutionskalender werden in der Regel der Tag des laufenden Monats, der Monatsname und das laufende Jahr genannt. Aus diesen Angaben nimmt man zunächst das Jahr und sucht diese Jahresangabe in der entsprechenden Spalte auf. Der zweite Schritt besteht darin, mit Hilfe der linken Spalte den im revolutionären Datum genannten Beginn des entsprechenden Monats zu suchen.

Mit Hilfe der Tabelle S. 112 kann man dann ablesen, welcher Monatstag des Revolutionskalenders auf welchen Tag des Gregorianischen Kalenders entfällt. Dabei ist zweierlei zu berücksichtigen: Zum einen beginnen die Kalenderjahre des Französischen Revolutionskalender am 22. oder 23. September des Gregorianischen Kalenders, fallen also zu jeweils etwa einem Viertel in ein Kalenderjahr des Gregorianischen Kalenders und zu etwa drei Vierteln in das darauffolgende Jahr. Zum anderen beginnen die Kalendermonate des Französischen Revolutionskalenders erst nach der Monatshälfte des Gregorianischen Kalenders (zwischen dem 17. und dem 24.), so daß bei der Umsetzung in Daten des Gregorianischen Kalenders jeweils reichlich die Hälfte bis etwa ein Viertel in einen Kalendermonat des Gregorianischen Kalenders, jeweils etwa ein Viertel bis knapp die Hälfte aber in den darauffolgenden Kalendermonat fallen.

Als Beispiel soll der „18. Brumaire an III“ (= „18. Brumaire des Jahres III“) benutzt werden. Man sucht zunächst in der Tabelle S. 111 das Jahr III auf (= 3. Spalte von links) und stellt fest, daß es am 22. September 1794 (Greg. Kalender) begonnen hat. Der Brumaire des Jahres III beginnt nach derselben Tabelle am 22. Oktober.

Nun sucht man in der Tabelle S. 112 nach derjenigen Spalte, die die Monate mit dem Beginn am 22. Oktober enthält. Es ist die 15. Spalte. In dieser Spalte geht man so lange nach unten, bis man auf der Höhe der Zahl 18 in der linken Spalte angelangt ist. Daraus ergibt sich dann, daß der 18. Brumaire auf den 8. November (Oktober + 1 Monat) fällt.

zwungene und niemals gänzlich durchgesetzte Verzicht auf die Gewohnheiten eines in christlichen Kalendergewohnheiten lebenden Volkes hatten dazu geführt, daß diese Kalenderreform niemals eine dauerhafte Chance besaß. Selbst die napoleonische Umbenennung zum „Französischen Kalender“, die

die Reform weniger zu einer revolutionären als zu einer nationalen Tat zu machen schien, vermochte das Unverständnis und die stille Obstruktion in weiten Kreisen der Bevölkerung und offensichtlich auch in Teilen der staatlichen Verwaltung nicht zu beseitigen.

Mit dem Ende des französischen Revolutionskalenders war gleichzeitig das verhältnismäßig erfolgreichste Unternehmen einer Kalenderreform in der Neuzeit nach der Einführung des Gregorianischen Kalenders gescheitert. Das ändert nichts daran, daß der französische Kalender wiederholt auch bei späteren Reformversuchen als Vorbild herhalten mußte. In der Sache war das Beharrungsvermögen der den gregorianischen Kalender gewohnten Gesellschaft größer als der Reformwille und das Grundvertrauen der Revolutionäre auf die Erziehbarkeit des neuen Menschen für eine neue Zeit.

11. Versuche von Kalenderreformen im 20. Jahrhundert

Zu Anfang des 20. Jahrhunderts wurde der Gregorianische Kalender faktisch weltweit durchgesetzt. Die Vorzüge dieser Form der Kalenderrechnung gegenüber dem Julianischen Kalender waren zu offenkundig, als daß man weiterhin bei der alten Kalenderrechnung hätte bleiben können. Freilich gab es innerhalb Europas gewichtige Ausnahmen von dieser Feststellung: Ganz Ost- und Südosteuropa rechnete nach wie vor nach dem Julianischen Kalender und vollzog die Umstellung zu unterschiedlichen Daten zwischen 1913 (Albanien) und 1926 (Türkei).

Als wichtigste Macht innerhalb dieses Raumes verweigerte sich auch das zaristische Rußland bis in das 20. Jahrhundert hinein dem neuen Kalender und wandte bis zur Revolution des Jahres 1917 den Julianischen Kalender an. Erst Wladimir Iljitsch Lenin machte dieser kalendarischen Rückständigkeit Rußlands ein Ende, indem er 1918 per Dekret den Gregorianischen Kalender einführte, und dies mit der ausdrücklichen Begründung, er habe die Absicht, „mit allen zivilisierten Ländern der Welt übereinzustimmen". Wie vorher in anderen Ländern, die die Kalenderverbesserung übernommen hatten, wurden auch in Rußland einige Tage übersprungen: Auf den 31. Januar 1918 folgte sofort der 14. Februar. Es ist dieser Kalenderumstellung zu verdanken, daß die Gedenkfeiern für die russische Revolution, die Ende Oktober 1917 ihren Höhepunkt erreicht hatte, von nun an in den November fielen: Aus der „Oktoberrevolution" wurde kalendarisch die „Novemberrevolution".

Freilich beließ man es in der Sowjetunion nicht bei dieser bloßen Umstellung, sondern ging während der Laufzeit des ersten Fünfjahresplans (1928–32) zu einer umfassenden Kalenderreform über. Die bisherige Einteilung des Jahres in ungleich lange Monate und durchlaufende Siebentagewochen wurde aufgegeben. An ihre Stelle rückten sog. „rollierende" Wochen von fünf Tagen Länge. Sie besaßen keinen einheitlichen Ruhetag, sondern jeweils ein Fünftel der Werktätigen sollte an jedem Tag seinen persönlichen Ruhetag einlegen. Zur Vereinfachung waren die Tage in den Kalendern farblich gekennzeichnet: gelb, orange, rot, violett und grün. Waren auf diese Weise 12 Monate zu je 6 Wochen zu je 5 Tagen (= 360 Tage pro Jahr) festgelegt, so setzte man noch fünf nationale Feiertage (9. Januar, 21. Januar, 1. Mai, 26. Oktober, 7. November) hinzu, in Schaltjahren noch einen weiteren Tag („Tag der Industrialisierung"). Sie trugen in gedruckten Kalendern zur Markierung einen roten Stern.

Die Ursache für diese Kalenderreform dürfte in erster Linie in wirtschaftlichen Notwendigkeiten gelegen haben. Die zunehmende wirtschaftliche Zwangslage der Sowjetunion verlangte nach einer möglichst effizienten Nutzung vor allem der Maschinen und Fabriken der Schwerindustrie sowie der industriellen Landwirtschaft. Das schien mit festen, allgemein geltenden Ruhetagen unvereinbar zu sein. Freilich offenbarten sich vor allem in Verwaltungen sofort erhebliche Probleme: Mit an Sicherheit grenzender Wahrscheinlichkeit waren immer nur vier von fünf Mitarbeitern am Arbeitsplatz zu finden, und die daraus resultierenden Abstimmungsprobleme bei der Anberaumung von Besprechungen und Konferenzen dürften erheblich gewesen sein.

Stalins Konsequenz war die Rücknahme dieser rollierenden Woche zugunsten einer Sechstagewoche mit einem festen Ruhetag für alle zum 1. Dezember 1931. Dieser Reformschritt macht unmißverständlich deutlich, daß es bei der Reform vor allem auch um eines gegangen war: um den definitiven Abschied von der christlichen begründeten Siebentagewoche und dem christlichen Sonntag. Statt dessen galt nun eine immer noch schematische, freilich sowohl mit der Arithmetik der Monatslänge (5 Wochen zu je 6 Tagen = 30 Tage) als auch mit dem offenkundig allgemeinen Bedürfnis gleicher Ruhetage vereinbare Regelung. Die Bedürfnisse vor allem der Schwerindustrie standen dagegen zurück.

Unter dem Eindruck bleibender Schwierigkeiten wurde im Vorfeld des Zweiten Weltkrieges auch diese Regelung 1940 wieder zurückgenommen: Die bolschewistische Sowjetunion kehrte zur christlichen Siebentagewoche zurück.

Von anderer Art war eine versuchte Kalenderreform im Italien der zwanziger Jahre. Mit Benito Mussolinis Marsch auf Rom am 28. Oktober 1922 hatte sich der Faschismus politisch durchgesetzt. Erstmals am 19. Oktober 1923 fügte Mussolini einem persönlichen Brief im Datum den Zusatz „Anno I dell'êra fascista" hinzu. Durch einen internen Erlaß vom 25. Dezember 1926 machte er diesen Zusatz für die gesamte staatliche Verwaltung verbindlich. Befolgt wurde dieser Erlaß seit dem 31. Dezember 1926 auch von Mussolinis eigener Tageszeitung *Il Popolo d'Italia.*

Streng genommen, handelt es sich nicht eigentlich um eine Reform des italienischen Kalenders. Zwar ist die Neuzählung der Jahre, ausgehend von einer faschistischen Ära, durchaus mit den Neuzählungen des französischen Revolutionskalenders nach 1789 vergleichbar, aber es fehlten im faschistischen Italien alle Versuche, das Jahr auch im Inneren neu zu strukturieren, und so kam es lediglich zu dieser äußerlichen Neuorientierung amtlicher Schriftstücke und vieler Zeitungen auf die faschistische Ära. Freilich ist der Versuch einer sichtbaren Neuzählung der Jahre seit dem Beginn der faschistischen Herrschaft doch auch ein Hinweis darauf, daß allem Anschein nach zu solchen Eingriffen in den Kalender im 20. Jahrhundert ausschließlich totalitäre Regime willens und fähig gewesen zu sein scheinen.

Das gilt auch für den dritten Fall einer Einflußnahme auf den Kalender: auf den Versuch der Einführung neuer Monatsnamen im nationalsozialistischen Deutschland. In den Zusammenhang germanophiler Bestrebungen mancher Teile der NSDAP-Führung, besonders Rosenbergs und Streichers, gehört die Feststellung, daß man sich an den antik-römischen Monatsnamen des gängigen Kalenders zu stören begann und sie durch „germanische“ Namen zu ersetzen trachtete.

Dabei scheint man allem Anschein nach wissentlich auf die Monatsnamen zurückgegriffen zu haben, deren versuchte Einführung Karl dem Großen zugeschrieben wird. Angesichts der durchaus ambivalenten Haltung des Nationalsozialismus zum „Sachsenschlächter“ Karl ist diese Anknüpfung an die mit ihm in Verbindung gebrachten Monatsnamen auffallend. Sie lauteten in der im Dritten Reich verwendeten Schreibung: Januar = Hartung, Februar = Hornung, März = Lenzmond, April = Ostermond, Mai = Wonnemond/Winnemond, Juni = Brachmond, Juli = Heumond, August = Erntemond, September = Herbstmond, Oktober = Weinmond, November = Windmond und Dezember = Christmond.

Die Verwendung dieser Bezeichnungen blieb offensichtlich auf nationalsozialistische Veröffentlichungen und den engeren Sprachgebrauch der Partei beschränkt. Der *Stürmer* verwendete diese Monatsnamen ebenso wie andere Parteizeitungen, nicht aber der *Völkische Beobachter*. Allerdings war die Germanophilie des Nationalsozialismus innerhalb der Partei durchaus umstritten und ging unterschiedlich tief. Kennzeichnend für die Vielgestaltigkeit und innere Differenzierung der Herrschaftsinstrumente des Nationalsozialismus ist es deswegen auch, daß diese Monatsnamen durchaus uneinheitlich gebraucht und von einigen nationalsozialistischen Einrichtungen gar nicht angewandt worden sind. Seit dem Jahre 1945 verschwanden diese Monatsnamen aus der öffentlichen Verwendung, werden aber in bestimmten politischen Kreisen Deutschlands bis heute verwendet und können geradezu als ein Zeichen des Bekenntnisses zu nationalsozialistischem Gedankengut angesehen werden.

Mit den Eingriffen Stalins, Mussolinis und der deutschen Nationalsozialisten endet die Geschichte moderner Versuche einer Anpassung der Kalender an die Bedürfnisse und ideologischen Ziele der großen Diktaturen dieses Jahrhunderts. Zwar sind auch seither solcherlei Versuche gelegentlich unternommen worden, etwa in der nordkoreanischen Ära, die die Jahre von der Geburt Kim Il Sungs 1912 an zählt (sog. Juche-Zeit, „Zeit des eigenen Weges"), aber letztlich blieben diese Versuche ephemer. Die allgemeine Geltung des Gregorianischen Kalenders im öffentlichen Leben der Welt ist in der zweiten Hälfte des 20. Jahrhunderts nicht mehr erfolgreich anfechtbar.

Das macht es letztlich auch unwahrscheinlich, mit einer schnellen und umfassenden Annahme so unterschiedlicher Ansätze wie der eines Weltkalenders oder der Swatch-Zeit des amerikanischen Medienwissenschaftlers Nicholas Negroponte zu rechnen, die seit einiger Zeit der Schweizer Unternehmer Nikolaus Hayek als „Swatch-Time" lanciert. Als „Weltkalender" wird ein Reformvorschlag bezeichnet, der erfolglos seit 1931 propagiert wird und im wesentlichen auf die Abstellung einiger Unregelmäßigkeiten in der Länge der Monate und Quartale ausgerichtet ist. Jedes Quartal wäre danach 91 Tage lang und sollte sich aus einem Monat von 31 Tagen Länge sowie zweien von je 30 Tagen zusammensetzen. Die Jahreslänge betrüge damit 4 × 91 = 364 Tage. Der 365. Tag würde dem letzten Tag des Jahres angehängt und als „30. 12.W" (= Welttag) bezeichnet; ein eventueller Schalttag könnte als „30. 6.W" eingeschaltet werden. Die Vorteile wären, daß die numerierten Kalendertage in jedem Jahr auf den gleichen Wochentag fielen: Der 1. Januar wäre immer ein Sonntag. Versuche, über diesen Kalender und seine Einführung im Völkerbund und den Vereinten Nationen abstimmen zu lassen, haben niemals zum Erfolg geführt. Das dürfte nicht zuletzt daran gelegen haben, daß es keine Möglichkeit gab, einvernehmlich über das Schicksal der bisher beweglichen Festtage, vor allem Ostern, zu entscheiden.

Ein ähnliches Schicksal dürfte auch dem Vorschlag Hayeks und seiner Firma „Swatch" bevorstehen, der auf die Abschaffung des Sexagesimalsystems bei der Tageseinteilung hinausläuft und den Tag nicht mehr in 24 Stunden zu je 60 Minuten zu je 60 Sekunden einteilen möchte, sondern in 1000 gleich lange Abschnitte („beats"), deren jeder rechnerisch 1 Minute 26,4 Sekunden lang wäre. Was hier unter dem Etikett größerer Klarheit der Tageseinteilung daherkommt, ist nichts anderes als die seit langem immer wieder erfolglos versuchte Einführung des Dezimalsystems bei der Zeitrechnung.

Ein weiterer Vorteil dieser „internet-time", wie sie in Presseerklärungen des Unternehmens auch genannt wird, soll der nun mögliche Verzicht auf die weltumspannenden Zeitzonen sein. Jedoch verbirgt sich hinter dieser Aussicht nichts anderes als die Tatsache, daß am 23. Oktober 1998 ein neuer „Null-Meridian" für die nun geltende „Biel Mean Time" (BMT) durch das Gebäude des Firmensitzes von Swatch im schweizerischen Biel gezogen wurde. Künftig soll um 0 Uhr BMT (= 0 Uhr MEZ) weltweit die Zählung der täglichen 1000 beats beginnen, so daß 12 Uhr MEZ dann als @500 Swatch beats bezeichnet würde. Der Vorschlag dürfte nicht zuletzt an dieser Festlegung eines wiederum auf Europa zentrierten Zeitsystems scheitern, das – um nur ein Beispiel zu nennen – den Tagesbeginn in Washington D.C./USA (bisher MEZ – 6 Stunden) auf nunmehr @750 Swatch beats fixieren müßte.

Scheitern werden schließlich auch der Versuch einer einheitlichen Festlegung des Ostertermins zwischen den christlichen Kirchen und mehr noch der Versuch der Einführung eines festen Osterdatums. Zwar besteht formal eine gewisse

Bereitschaft der katholischen Kirche, über diese Reformen zu verhandeln, aber die Klausel, daß diese Reform gleichzeitig von allen christlichen Kirchen angenommen werden müsse, dürfte den Versuch langfristig nicht zum Erfolg führen.

Die Herrschaft des Gregorianischen Kalenders im weltweiten öffentlichen Leben und in den meisten Gegenden der Welt auch im privaten und persönlichen Bereich ist heutzutage nur noch um den Preis gewaltiger gesellschaftlicher Kosten zu beenden. Angesichts seiner relativen Fehlerfreiheit, die erst in mehr als 3000 Jahren zu einer Abweichung dieses Kalenders vom Sonnenstand um einen ganzen Tag führen wird, ist kein unmittelbarer Handlungsbedarf auszumachen. Die Praktikabilität des Kalenders wird auch durch überkommene Systeme wie die ungleich langen Monate, die Überschneidung der Wochen mit den Monats- und Jahresanfängen und durch mancherlei andere, zwar historisch erklärbare, aber nicht eigentlich logisch notwendige Eigentümlichkeiten nicht wesentlich eingeschränkt.

Freilich wird auf der anderen Seite ein Übergang der wenigen, weltweit nach anderen Jahren rechnenden Kulturen und Staaten zum Gregorianischen Kalender aus gleichen Gründen ebenso unterbleiben. Allerdings spielt in diesen Gegenden, etwa im Staate Israel, der Gregorianische Kalender neben dem jüdischen Kalender im öffentlichen Leben bereits längst eine wichtige orientierende Rolle.

An der Schwelle zum dritten Jahrtausend gilt es insgesamt festzustellen, daß mit dem Gregorianischen Kalender des Jahres 1582 und den seither notwendig gewordenen Nachbesserungen eine Form hinreichender Präzision im Kalenderwesen erreicht worden ist. Die Annäherung der Jahreslänge an die Länge des Sonnenjahres wurde durch ein relativ überschaubares System von ständigen Reparaturmaßnahmen erreicht, durch Schalttage und Schaltsekunden, ohne dabei die innere Struktur des Jahres im Kern anzugreifen. Alle Versuche, auch diese innere Aufteilung zum Gegenstand von Reformen werden zu lassen, müssen als gescheitert gelten.

Literatur

a. Verzeichnis der allgemeinen, abgekürzt zitierten Literatur

von den Brincken, Anna-Dorothee: Historische Chronologie des Abendlandes. Kalenderreformen und Jahrtausendrechnungen, Stuttgart 2000, *stellt den gelungenen Versuch einer modernen, knappen Darstellung des Themas aufgrund einschlägiger Vorlesungen der Verfasserin dar.*

Ginzel, Friedrich Karl: Handbuch der mathematischen und technischen Chronologie. Das Zeitrechnungswesen der Völker, 3 Bde., Leipzig 1906–1914, *ist das bei weitem umfangreichste, über weite Strecken bis heute heranzuziehende chronologische Standardwerk.*

Grotefend, Hermann: Taschenbuch der Zeitrechnung des deutschen Mittelalters und der Neuzeit, Hannover 1898, ^{13}1991, *ist die gängige Kurzfassung des als nächstes genannten Werkes und gehört zum obligaten Handwerkszeug des Historikers beim Umgang mit chronologischen Fragen (im Gegensatz zum folgenden üblicherweise als der „kleine Grotefend" bezeichnet).*

Grotefend, Hermann: Zeitrechnung des deutschen Mittelalters und der Neuzeit, 2 Bde., Hannover 1891–1898 (Nachdruck Aalen 1984), *liefert den detailliertesten Beitrag zur mittelalterlichen und neuzeitlichen Chronologie Deutschlands in Form eines lexikalisch aufgebauten Handbuchs (Bd. 1) sowie zahlreicher regionaler Jahreskalender und eines umfangreichen Heiligenverzeichnisses (Bd. 2).*

Rühl, Franz: Chronologie des Mittelalters und der Neuzeit, Berlin 1897, *ist in seiner pragmatischen Kürze und gedanklichen Prägnanz ein bis heute hervorragend zu nutzendes Buch, wenn auch manche Details durch das monumentale Handbuch Ginzels ein Jahrzehnt nach Rühl modifiziert werden müssen.*

Schlag, Hannes E.: Ein Tag zuviel. Aus der Geschichte des Kalenders, Würzburg 1998. – *Dieses und das folgende Werk von*

Wendorff, Rudolf: Tag und Woche. Monat und Jahr. Eine Kulturgeschichte des Kalenders, Opladen ^{2}2000, *zählen zum weiten Bereich der eher kulturhistorisch ausgerichteten Sachbücher, die den Mangel an systematischer Gliederung und stofflicher Durchdringung durch viele interessante Details und Beobachtungen aufwiegen, die man so andernorts nicht findet. Insbesondere das Werk von Schlag besticht durch eine Fülle von – teils allerdings winzig gedruckten – Schemata und Übersichtstafeln.*

b. Verzeichnis der speziellen Literatur zu einzelnen Kapiteln

1. Die astronomischen Grundlagen der Zeitrechnung

Rühl, Chronologie S. 6–13; von den Brincken, Chronologie S. 13–19 *u. v. a. m.*

2. Die Zeitrechnung in den frühen Hochkulturen des Zweistromlandes

Für Überblickszwecke ist immer noch Ginzel, Chronologie I S. 107–149, *heranzuziehen. – Knappe Hinweise bei:* Wolfram von Soden, Einführung in die Altorientalistik, Darmstadt ²1992, S. 163 f.; Der neue Pauly Bd. 6, Stuttgart/Weimar 1999, Sp. 158.

3. Die Zeitrechnung bei den Ägyptern

Das Lexikon der Ägyptologie, 7 Bde., Wiesbaden 1975–1992, *bietet zusammenfassende Darstellungen des Forschungsstandes mit reichen Literaturhinweisen, u. a. in den Artikeln* „Jahreszeiten" (III 240–241), „Kalender" (III 297–299), „Neujahr" (IV 466–472), „Sothisperiode" (V 1117–1124) *und* „Zeiteinteilung, -messung" (VI 1371–1372).

Richard A. Parker, The Calendars of Ancient Egypt, Chicago 1950, *ist das Standardwerk zum Thema.*

Kurt Sethe, Die Zeitrechnung der alten Aegypter im Verhältnis zu der der andern Völker, in: Nachrichten von der Königlichen Gesellschaft der Wissenschaften zu Göttingen. Philologisch-Historische Klasse 1919, S. 287–320; 1920, S. 28–55, 97–141, *ist die umfassendste deutschsprachige Darstellung, wenngleich für Details auch noch auf* Ginzel, Chronologie I S. 150–237, *zurückzugreifen ist.*

4. Die Zeitrechnung der Griechen

Zur ersten Einführung und als Hinweise auf ältere Literatur geeignet sind die Artikel in: Der Kleine Pauly. Lexikon der Antike, 5 Bde., München 1964–1975 (TB 1979), *jedoch sind die Informationen auf die Stichwörter* „Euktemon" (II 420), „Jahr" (II 1299–1301), „Jahreszeiten" (II 1301–1302), „Kalender" (III 58–63), „Kallippos von Kyzikos" (III 83–84), „Meton" (III 1278), „Olympiade" (IV 287–288) *und* „Zeitrechnung" (V 1473–1489) *u. a. verstreut. Knapper informiert:* Der neue Pauly, Bd. 6, Stuttgart/Weimar 1999, Sp. 156–169, *unter dem Stichwort* „Kalender".

Elias J. Bickerman, Chronology of the Ancient World, London ²1980, *und* Alan E. Samuel, Greek and Roman Chronology (Handbuch der Altertumswissenschaft I 7), München 1972, S. 21–138, 189–248, *sind die gängigen Standardwerke, durch die alle älteren Werke überholt sind, wenngleich wegen mancher Details immer noch auf* Ginzel, Chronologie II S. 294–490, *zurückzugreifen ist.*

5. Die Zeitrechnung der Römer

Zur ersten Einführung und als Hinweise auf ältere Literatur geeignet sind die Artikel in: Der Kleine Pauly. Lexikon der Antike, 5 Bde., München 1964–1975 (TB 1979), *jedoch sind die Informationen auf die Stichwörter* „Fasti" (II 518–519), „Jahr" (II 1299–1301), „Jahreszeiten" (II 1301–1302), „Kalender" (III 58–63), „Zeitrechnung" (V 1473–1489) *u. a. verstreut. Knapper informiert:* Schlag, Ein Tag zuviel S. 69–84; Der neue Pauly, Bd. 6, Stuttgart/Weimar 1999, Sp. 156–169, *unter dem Stichwort* „Kalender"; *im übrigen:* von den Brincken, Chronologie S. 21–29.

Elias J. Bickerman, Chronology of the Ancient World, London ^{2}1980, *und* Alan E. Samuel, Greek and Roman Chronology (Handbuch der Altertumswissenschaft I 7), München 1972, S. 153–188, 249–276, *sind die gängigen Standardwerke, durch die alle älteren Werke, auch der Abschnitt bei* Ginzel, Chronologie II S. 160–293, *überholt sind.*

Über die Einführung des Julianischen Kalenders seither: Jürgen Malitz, Die Kalenderreform Caesars, in: Ancient Society 18, 1987, S. 103–131.

6. Jüdische Zeitrechnung

Das umfassende Standardwerk ist Eduard Mahler, Handbuch der jüdischen Chronologie, Frankfurt/Main 1916 (ND Hildesheim 1967)*; hier finden sich S. 525–605 Umrechnungstabellen von jüdischen in christliche Daten sowie S. 607–627 der (hebräisch abgedruckte!) Festkalender der Juden. – Praktisch orientiert und mit vielen Rechenbeispielen versehen ist* Ludwig Basnizki, Der jüdische Kalender. Entstehung und Aufbau, Frankfurt/Main 1938 (Neuausgabe TB Frankfurt/Main 1989).

Unter den allgemeinen chronologischen Handbüchern ist am ausführlichsten Ginzel, Chronologie II S. 1–119. *Knapper sind:* Rühl, Chronologie S. 270–276; von den Brincken, Chronologie S. 35–39.

7. Mohammedanische Zeitrechnung

Knappe Abrisse finden sich bei Rühl, Chronologie S. 255–265; Wendorff, Tag und Nacht S. 161–163; von den Brincken, Chronologie S. 39–42. *Eine ausführlichere Darstellung gibt* Adolf Grohmann, Arabische Chronologie, in: Handbuch der Orientalistik, Abt. I, Ergänzungsband 2,1, Leiden/Köln 1966, S. 1–48. – *Für die hochkomplexe und deswegen hier nicht behandelte Umrechnung mohammedanischer in christliche Daten sind heranzuziehen:* Wüstenfeld-Mahler'sche Vergleichungs-Tabellen zur muslimischen und iranischen Zeitrechnung, neu hg. von Bertold Spuler, Wiesbaden 1961.

8. Die Zeitrechnung des christlichen Mittelalters

Die Beschäftigung mit der mittelalterlichen Chronologie steht im Zentrum der Chronologie überhaupt. Entsprechend vielfältig ist die Literatur, unter der als das ausführlichste Standardwerk Ginzel, Chronologie III S. 88–284 *hervorzuheben ist. Knapper und konziser, zumeist völlig ausreichend ist* Rühl, Chronologie. *Den modernsten Überblick zur Sache bietet:* von den Brincken, Chronologie.

Als Handbuch mit allen nötigen Informationen zur praktischen Umrechnung von Daten hat seinen unstreitigen Platz bis heute: Grotefend,

Zeitrechnung. *Im praktischen Gebrauch bewährt ist die Kurzfassung dieses Werkes:* Grotefend, Taschenbuch.

Für den speziell Interessierten gibt Arno Borst, Die karolingische Kalenderreform, Hannover 1998, *einen magistralen Überblick über die hier nur angerissenen geistesgeschichtlichen Perspektiven des Themas.*

9. Die Gregorianische Kalenderreform und ihre Rezeption in Europa

Ferdinand Kaltenbrunner, Die Vorgeschichte der Gregorianischen Kalenderreform, in: Sitzungsberichte der Philosophisch-Historischen Classe der Kaiserlichen Akademie der Wissenschaften [zu Wien] 82, 1876, S. 289–414; ders., Die Polemik über die Gregorianische Kalenderreform, in: ebd. 87, 1877, S. 485–586; ders., Beiträge zur Geschichte der Gregorianischen Kalenderreform, in: ebd. 97, 1880, S. 7–54, *bietet die ausführlichste Darstellung des Themas.*

Gregorian Reform of the Calendar. Proceedings of the Vatican Conference to commemorate its 400th Anniversary 1582–1982, eds. G.V. Coyne/M.A. Hoskin/O. Pedersen, Città del Vaticano 1983, *ist ein Sammelband zu allen astronomischen, historischen und kirchenpolitischen Aspekten der Reform, geschrieben aus der Sicht prominenter katholischer Wissenschaftler.*

Christiane Gack-Scheiding, Johannes de Muris Epistola super reformatione antiqui kalendarii (MGH. Studien und Texte 11), Hannover 1995, *stellt einen spätmittelalterlichen Autor von Kalenderreformvorschlägen vor und ordnet ihn in die zeitgenössische Reformdiskussion ein.*

Knappe Darstellungen finden sich bei: Rühl, Chronologie S. 223–247; Ginzel, Chronologie III S. 252–278; Grotefend, Zeitrechnung I S. 51, 91 f., 132–134; Grotefend, Taschenbuch S. 24–28; von den Brincken, Chronologie S. 29–34.

10. Der Kalender der Französischen Revolution

Georges Villain, Étude sur le calendrier républicain, in: La révolution française 7, 1884, S. 451–459, 535–553; 8, 1885, S. 623–656, 740–758, 830–854, 883–888, *bietet einen detaillierten und mit vielen Quellenpublikationen angereicherten Überblick über die Entwicklung des Kalenders.*

Michael Meinzer, Der französische Revolutionskalender (1792–1805) (Ancien Régime, Aufklärung und Revolution 20), München 1992, *schildert minutiös die einschlägigen Debatten in den Körperschaften, beschäftigt sich im wesentlichen aber mit der Durchsetzung des Kalenders am Beispiel von Marseille und drei provenzalischen Dörfern (mit umfangreicher Lit.).*

Knappe Darstellungen finden sich bei: Rühl, Chronologie S. 247–251; Grotefend, Zeitrechnung I S. 165 f. und Tafeln XXVI/XXVII; Grotefend, Taschenbuch S. 29 und Tafeln X/XI; Schlag, Ein Tag zuviel S. 203–208; von den Brincken, Chronologie S. 44–47.

11. Versuche von Kalenderreformen im 20. Jahrhundert

Eine zusammenhängende Darstellung moderner Kalenderreformen gibt es nicht; manche Hinweise finden sich bei Rudolf Wendorff, Zeit und Kultur. Geschichte des Zeitbewußtseins in Europa, Opladen [3]1985. – *Zur Kalenderreform der Sowjetunion vgl.* Wendorff, Tag und Woche S. 198–201 (mit weiterer Literatur); Schlag, Ein Tag zuviel S. 209 f.; Malte Rolf, Feste des „roten Kalenders“: Der Große Umbruch und die sowjetische Ordnung der Zeit, in: Zeitschrift für Geschichtswissenschaft 49, 2001, S. 101–118. – *Die bisherigen Nachweise zur faschistischen Ära Italiens in* Grotefend, Taschenbuch S. 29, *sind mißverständlich bis falsch. Heranzuziehen ist vielmehr* Emilio Gentile, Il Culto del Littorio. La Sacralizzazione della Politica nell'Italia fascista, Bari/Rom 1993, S. 100–103 *mit den dort gegebenen Belegen. Für den Hinweis auf diese Veröffentlichung danke ich Dr. Jens Petersen vom Deutschen Historischen Institut in Rom sowie seinem Mitarbeiter Thomas Kroll (Schreiben vom 15.7. und 24. 11. 1998). – Zur Juche-Zeit vgl.* Matthias Naß. Der lange Treck nach nirgendwo, in: Die Zeit 52/19. 12. 1997, S. 3. – *Zur Swatch-Zeit vgl.* http://www.swatch.com/internettime.

Index der Orte und Personen

Nicht eigens aufgenommen wurden eher unbestimmte geographische Begriffe (z. B. *Abendland, Arabien, Europa, Mittelmeerraum*) sowie Namen von Göttern und Heiligen als Bestandteile des Tagesbezeichnungen (z. B. *Johannistag*).